Gregor A. Gregorius

Magische Einweihung

Weitere Bücher von Gregor A. Gregorius im Esoterischen Verlag:

Die magische Erweckung der Chakra
– ISBN 978-3-932928-30-7

Exorial
– ISBN 978-3-932928-31-4

Logenschulvorträge
– ISBN 978-3-932928-32-1

Ewigkeitssucher
– ISBN 978-3-932928-25-3

Geheimnise der Sexualmagie
– ISBN 978-3-932928-36-9

Neuauflage 2018-10-01 Esoterischer Verlag,
eine Marke der Sentovision GMBH
Venedigstr. 35 • CH-4142 Münchenstein

Internet: **www.Esoterischer-Verlag.de**

Umschlag-Gestaltung und Gesamtherstellung FontFront.com
Titel-Bild: A. Beckmann
Gedruckt in der EU

ISBN: 978-3-932928-37-6

Inhalt

Die Systematik des okkulten Studiums

Sie haben sich vorgenommen, die geheimen Wissenschaften zu studieren. Es ist dies ein hohes Ziel, welches sie sich gesetzt haben und es ist durchaus nicht leicht zu erreichen. Viele fühlen sich dazu berufen, aber nur wenige erreichen die ersehnten hohen Gipfel menschlichen Erkenntnisvermögens.

Sie müssen sich zunächst darüber im klaren sein, dass das okkulte Studium nicht nur ein jahreslanges, systematisches Arbeiten erfordert, sondern dass dazu auch eine gewisse Umwandlung, eine Art Hochpolung ihrer gesamten Persönlichkeit notwendig ist. Diese Arbeit an sich selbst ist unbedingt notwendig, wenn sie ein wahrer Geheimwissenschaftler werden wollen.

Im Grunde genommen hört dieses Studium ja nicht wieder auf, sondern steigert sich von Erkenntnis zu Erkenntnis.

Sie müssen Pflichten auf sich nehmen, Pflichten für sich, Pflichten, die sich im Anfang gegen sie richten, denn die Schulung der Persönlichkeit erfordert oft nicht nur eine Umstellung, sondern auch eine Härte gegen sich selbst und gegen die Umwelt.

Ein Kristall formt sich nur durch Druck und Härte! Aber wer unter ihnen ist bereits ein Kristall? Deshalb muss das Ich des Menschen – sein Ego, wie die Geheimlehre sagt – geformt und kristallisiert werden. Dies ist das erste Ziel und die wichtigste Aufgabe für den Geheim-wissenschaftler.

Man darf nun auch nicht etwa weltfremd werden, sondern es ist wichtig, mit beiden Füßen fest auf dem Boden zu stehen, trotz aller okkulten und geistigen Probleme.

Menschsein ist schön, Weltbürger zu sein ist noch schöner, und einem geistigen Menschentum zuzustreben, ist hohes Ziel. Dazu brauchen sie keines der üblichen Moralgesetze, soweit sie dies nicht freiwillig anerkennen. Schaffen sie sich ihre eigene Ethik. Werden sie ein freier, geistiger Mensch, der versucht, sich den erkannten Harmoniegesetzen zu nähern, diese in sich zu entwickeln und danach zu leben. Alle Harmoniegesetze liegen primär im Kosmos verankert und wir empfinden nur ihre Reflektionen auf der Erde und ihre Offenbarungen in der Natur.

Denken sie so, dann sind sie auf dem Wege, ein Esoteriker zu werden, der Mystiker und Magus zugleich ist und stetig nach Gottverbundenheit strebt.

Nachstehend ist eine Übersicht über die zahlreichen Disziplinen der okkulten Wissenschaften gegeben. Sie sehen ja selbst, um dieses Wissen vollkommen zu beherrschen, brauchen sie Jahrzehnte. Aber sie können sich spezialisieren. Das ist sogar zunächst ratsam. Wählen sie sich einen Studienweg, der ihnen am meisten zusagt. Zudem sie sich prädestiniert fühlen.

Noch richtiger ist es, sich zunächst in den ersten Jahren mit dem allgemeinen okkulten Studium zu begnügen und sich dann erst später zu spezialisieren, wenn eine gute tragbare und breite Wissensbasis erreicht wurde.

Es kommt ja hierbei auch auf den vorhandenen Intellekt, auf die Allgemeinbildung, auf die Schulbildung und auf das eventuell bereits vorhandene Vorstudium sowie das erlangte Buchwissen an.

Der Weg des Mystikers

1. Theosophie
2. Anthroposophie
3. Mystik
    a. christliche Mystik
    b. katholische Mystik
    c. östliche Mystik
    d. moderne Mystik

4. Symbolik
    a. arische Symbolik
    b. östliche Symbolik
    c. christliche Symbolik
    d. vorchristliche, antike Symbolik
5. Rosenkreuzerwissenschaften
6. Esoterik
    a. Kosmogonie
    b. Kosmosophie

Der Weg des Magus

1. Technik der Atemschulung
2. Schulung der Energiekräfte
3. Konzentrationsübungen
4. Passivitätsübungen
5. Hypnotismus
6. Magnetismus
7. Telepathie und Hellsehen
8. Pendelwissenschaft
9. Dämonologie und Beschwörungspraktiken
10. Praktische Astrologie
11. Zahlenmagie und Kabbala
12. Sexualmagie
13. Kosmisch-planetarische Magie
14. Yogapraktiken
15. Symbolmagie

Der Weg des praktischen Okkultisten

1. Graphologie
2. Phrenologie
3. Psychologie
4. Chirologie
5. Chiromantie
6. Horoskopie

Der Weg des okkulten Arztes

1. Homöopathie
2. Biochemie
3. Kräuterkunde
4. Augendiagnose
5. Medizinische Pendeldiagnose
6. Astromedizin und Diätetik
7. Bestrahlungstheraphie
8. Suggestionswissenschaften
9. Moderne Heilmethoden (Licht, Farbe, Ton)
10. Tiefenpsychologie – Psychoanalyse

Der Weg des Esoterikers

1. Hinduismus
2. Brahmanismus
3. Atlantisches Weistum
4. Esoterische Astrologie
5. Östliche Religionslehren
6. Esoterische Kabbala
7. Antike Religionskulte
8. Kultmagie- und Symbolik

Das Wissen des Eingeweihten

1. Alchemie
2. Pansophie

Diese Übersicht ist noch lange nicht erschöpfend und es gibt fast für jede der einzelnen Disziplinen wieder eine Reihe Untereinteilungen. In der Praxis des Studiums greifen nun auch viele Disziplinen ineinander, so dass man von einer einseitigen Spezialisierung nicht sprechen kann. Wohl aber kann sich der Schüler ein Spezialstudium vornehmen auf Basis einer der oben genannten Disziplinen.

Er kann z.B. ägyptische Symbolik studieren oder die babylonischen Astralmythen, er kann sich mit japanischer oder chinesischer Mystik beschäftigen oder mit der Magie der tibetanischen Tantrasekten. Er kann aber auch in der modernen Kunst, in der Musik, in der Malerei oder im Tanz die okkulten Verbindungslinien suchen, studieren und pflegen.

Wenn ein Schüler der Geheimwissenschaft über moderne Sprachkennt-nisse verfügt, wird ihm dieses sehr nützlich sein. Noch besser ist es, wenn er außer Latein und Griechisch noch Hebräisch, Arabisch und Sanskrit beherrscht.

Ist der Neophyt ein Wissenschaftler, der Medizin, Chemie oder Physik studiert hat, so gibt ihm dies eine ganz vorzügliche Basis zum Weiterstudium. Aber auch als Autodidakt kann hier viel erreicht werden, wenn der Schüler ernsthaft und mit eisernem Fleiß an das große Werk geht. Er füllt dann sein Leben aus und hat im Interesse seiner Reinkarnation sicher nicht umsonst gelebt.

Von einem Abschluss dieses Studiums kann überhaupt nicht gesprochen werden. Das esoterische Weistum ist unermesslich und der suchende Mensch braucht viele Inkarnationen, um ein wahrhaft Eingeweihter zu werden.

Die Wahrheit über die weiße Bruderschaft

„Viele glauben sich berufen, aber nur wenige sind auserwählt!“

Wie ein im Dämmerlicht abgeblendetes Bild einer nicht zu enträtselnden Vision, taucht beim Studium der okkulten und esoterischen Literatur immer wieder vor den Augen des Suchenden der oft gebrauchte und angewandte Begriff: „Die weiße Bruderschaft“ auf.

Wohl keinem der studierenden Esoteriker, Okkultisten und Mystiker ist er unbekannt geblieben. Wer aber unter ihnen allen weiß, etwas genaues über diese Bruderschaft zu sagen und zu berichten, was nicht erst aus Büchern geschöpft worden wäre! Keiner, denn derjenige der ihr wirklich angehört, schweigt über sie und propagiert sie auch nicht!

Genau so, wie es keinen Rosenkreuzer in der jetzigen Zeitepoche gibt, welcher sich offen als ein Rosenkreuzer bezeichnen würde, selbst wenn er zu dieser Bruderschaft gehören sollte, die in den vergangenen Jahrhunderten tatsächlich existierte und die auch heute noch besteht (der Autor spricht hier von dem wahren Rosenkreuzertum, welches wenig mit den heutigen Logen und Vereinigungen zu tun hat, die öffentlich um Mitglieder werben; Anmerkung des Herausgebers).

Es ist aber erstaunlich, wie häufig sich so genannte führende Okkultisten offen als Mitglieder der Großen weißen Bruderschaft bezeichnen, sich auf sie berufen, angeben ihren Weisungen zu folgen und ihr eigenes Wissen in meist geschickter Form auf diese Vereinigung zurückführen. Aber es gibt doch keinen unter ihnen, der es nun wagen würde, sich mit erklärenden Einzelheiten, Tatsachenberichten, wahrheitsgemäßen Erlebnisschilderungen, die sich nachprüfen lassen, vor seine Leser oder Anhänger zu treten, es handelt sich hier meist um eine üble Mystifikation!

So sind ein interessantes Beispiel die beiden bekannten Bücher, die unter dem Titel: „Meister im fernen Osten“, von einem anonymen

Autor in Amerika erschienen und ins Deutsche übersetzt wurden, eine solch verwerfliche Fälschung. Meister Gregorius erhielt von der Übersetzerin dieser beiden Bücher, Frau Dr. Appia in Locarno, während seiner Emigration in der Schweiz, vertrauensvoll eine bis in alle Einzelheiten gehende Aufklärung über die Entstehung dieser Machwerke. Der Autor hatte seine Schilderungen über die geheimnisvollen Meister nie tatsächlich erlebt und wurde in Amerika als ein Betrüger entlarvt. Er musste zugeben, alle seine Erlebnisse nur in der Phantasie gehaben zu haben. Die aufgestellte Behauptung des Autors, es wären alles ihm von höheren Wesen zugeteilte Mentalvisionen, musste man zunächst trotzdem gelten lassen.

Mit großen Opfern ausgesandte Expeditionen in die von ihm geschilderten Gegenden kehrten resultatlos zurück. Auch die beiden in theosophischen Kreisen so oft genannten Meister der Blavatsky sind eine derartige Mystifikation! Sie selbst und auch der bekannte Theosoph Leadbeater mussten die bewusste Täuschung zugeben. Gregorius lernte im Jahre 1920 den bekannten Maler Prof. Schmiechen in Berlin kennen, der ihm erklärte und auch nachwies, dass er der Maler der beiden Bilder „Kut Humi“ und „Morya“ sei, die er gezeichnet hat, ohne jede Vorlage, nur nach seiner inneren Eingebung nach einem Gespräch mit Madame Blavatsky, mit der er jahrelang befreundet war. Alle anderen bekannten Bilder von Professor Schmiechen, z.B. sein Christusbild, gehören dem gleichen Bildgenre an. Er sagte selbst, dass die beiden Meister nur der mentalen Bewußtseinssphäre der Frau Blavatsky angehören.

Auch der bekannte Maler und Schriftsteller Bo Yin Ra in Lugano, der sich in seinen Büchern in so selbstherrlicher Weise der Verbindung mit der weißen Bruderschaft rühmt, gibt zu erkennen, dass es sich hier nur um eine mentale Verbindung seinerseits mit einer Bruderschaft höherer Sphären handelt. Er selbst war nur der Protektor der Loge „Zum weißen Gral“, die von seinen Anhängern ins Leben gerufen wurde.

Auch die „Älteren Brüder“, auf die sich der Anthroposoph Dr. Rudolf Steiner bezieht, sind keine auf der materiellen Ebene existierende Verbindung. Es verhält sich so auf allen Gebieten des Okkultismus, überall begegnen wir stets bewusster oder auch unbewusster, oft auch leichtfertiger Täuschung.

Es ist hart aber unbedingt notwendig, dass hier einmal die reine Wahrheit gesagt wird, um einer kristallklaren Erkenntnis willen. Es gibt die geheimnisvolle weiße Bruderschaft organisatorisch weder in Tibet, noch in Indien, weder in der Mongolei, noch irgendwo sonst auf dieser Erde. Hiermit sind natürlich weder die Priesterschaften der östlichen Völker, die Religionsgemeinschaften aller Nationen, die bestehenden Geheimlogen und Geheimbünde gemeint, noch die zahlreichen sonstigen derartigen bestehenden Vereinigungen und Verbände. Alle diese Verbindungen sind esoterisch doch irgendwie wahr und nachweisbar zu erreichen für denjenigen, der ernsthaft nach ihnen sucht und strebt.

Und trotzdem sei hiermit gesagt und versichert: „Es gibt die weiße Bruderschaft auf diesem Planeten“. Doch immer wird ausdrücklich betont, dass es sich um eine mentale Schwingung handelt, die nur für denjenigen mental hochgepolten Menschen wahrnehmbar und erreichbar ist, der sich innerlich, seelisch und geistig soweit entwickelt hat, um die Verbindung mit diesem geistigen Kraftfeld, zu erhalten je nach seiner Reife und Gesamtentwicklung.

Den Weg dahin muss jeder für sich allein gehen! Begnadet vom Schicksal ist bereits derjenige, dem in seinem Leben ein Mensch begegnet, der ihm vielleicht Wegweiser sein kann. Aber auch eine solche Wegweisung kann nur für eine Strecke des Weges gegeben werden. Den Pfad der letzten Erkenntnis muss jeder allein gehen, ohne Führung und ohne Beistand. Kein Buch, keine Schrift kann genügend aufklären. Selbst Bücher, wie z.B. das Buch von Weinfurter: „Der brennende Busch“ schweigen, wenn es sich um die letzten Tatsachen handelt, die der Leser wissen möchte.

Gewiss findet man in der gesamten okkulten Literatur auch manche Wahrheiten gesagt, manches Geheimnis ist offen enthüllt, doch nicht jeder Leser versteht zu lesen! Wiederum entscheidet auch hier der Grad der erlangten esoterischen Reife. Es gibt eine Anzahl wissender Autoren, die ihre Publikationen im eigentlichen Sinne nur für diese wenigen Menschen geschrieben haben, wie z.B. die Bücher von Gustav Meyrink, die Fundgruben magischen Wissens sind, trotz ihrer bewusst gewählten Romanform.

Die Frage der Tierseele

Die gesetzmäßige Evolution der Tierseele vollzieht sich ebenso nach einem Abwicklungsrhythmus, wie die Inkarnationsreife des menschlichen Egos. Nur kann hier von einer Entwicklung des Tierindividuums nicht gesprochen werden, welche über den körperlichen Tod hinausgeht, denn jede Tierseele geht in die so genannte Gruppenseele der betreffenden Tierrasse mit dem Tode ein. Die führende und leitende Gruppenseele ergänzt sich also unablässig aus den seelischen und geistigen Zuständen der zu ihr gehörenden Tierindividuen. Dieses bedingt mit der Zeit auch eine Höherpolung der Reife dieser Gruppenseele, je stärker sich die Tiere während ihres Daseins entwickeln in ihren Fähig-keiten.

Die rein biologische Entwicklung, sowie die rein biologischen Vererbungsgesetze sind hiermit nicht gemeint, auch nicht die Entwicklung der Sinne und Instinkte. Das Inkarnationsgesetz ist bekanntlich immer dem Biologiegesetz übergelagert.

Es sind wohl Fälle bekannt, in denen sich Tiere längere Zeit im astralen Zustand nach dem leiblichen Tod erhalten haben und sich auch manifestieren konnten, meist als Begleiterscheinungen astraler Wesenheiten oder menschlicher Spirits, aber die Individualität eines Tieres bleibt nicht für die Dauer bestehen.

Der Mensch hat aber durchaus die Möglichkeit, durch entsprechende Behandlung eines ihm anvertrauten Tieres, in einer günstigen und harmonischen Entwicklung die seelischen und geistigen Fähigkeiten des Tieres und damit auch die Reife der Gruppenseele zu fördern.

Ist der gesetzmäßig vorgesehene Reifezustand der betreffenden Gruppenseele im Laufe der Jahrhunderte oder Jahrtausende erreicht, stellt die Gruppenseele ihre Wiederverkörperung ein und die betreffende Tierrasse stirbt aus. Dies kann naturgemäß auch mitbestimmend sein durch wichtige geologische oder klimatische Veränderungen der nötigen Daseinsbasis.

Nach der esoterischen Geheimlehre unterstehen die Tiergruppenseelen der Leitung von bestimmten Kama-Devas (Engel der astralen Sphäre), außerdem bestehen wichtige Verbindungen mit den so genannten Zwischenwesen, welche zu ihrer Entwicklung nur zeitweise unsere Erde benutzen.

Zeitlich uralte Tiergruppenseelen bedingen zu ihrer Evolution in der Erscheinung ihrer Vertreter im Tierreich ein hohes Lebensalter der betreffenden Tiere, so dass man richtig schlussfolgern kann, dass sehr alt werdende Tiere auch eine mehrere hundert Jahre alte Gruppenseele besitzen. Das Größenverhältnis der Tiere und ihre Art selbst spielen dabei keine Rolle. Es ist noch nicht geklärt, ob nicht bestimmte Tiergruppenseelen die weitere Fortsetzung ihrer Entwicklung auf anderen Planeten vornehmen müssen oder können.

Ein direkter Übergang von der Tiergruppenseele in der Entwicklung zum Aufbau eines, wenn auch primitiven menschlichen Egos ist unmöglich. Die Seelenwanderung vom Tier zum Menschen, wie sie einige der östlichen Religionen lehren ist unrichtig. Aber rein astrale Verwandlungen von Menschen und Tieren als Schwingungsform auf den unteren Astralebenen sind möglich und festgestellt, jedoch nicht als Dauerzustand. Dies gehört in das Gebiet der astralen Magie. Hier liegen die scheinbar irrigen Lehren des Ostens verwurzelt. Die magischen Verbindungslinien der Astralwelt zur Tierseele sind stark vorhanden.

Ein Tier kann sowohl körperlich oder auch seelisch leiden, aber nie in seinem geistigen Bewußtseinszustand, welcher ja sowieso begrenzt ist. Für das Tier existiert also ebenfalls kein Karmagesetz. Die aufwärts zur Vervollkommnung strebende geistige Tendenz der Tiermonade ist natürlich vorhanden, hat aber mit der menschlichen und geistigen Entwicklung nichts zu tun.

Im höheren ethischen Sinne ist der Mensch zur Helferseele für das Tier bestimmt. Wenige Menschen sind sich dessen jedoch bewusst und schon damit ist der Fleischgenuss und jede bewusste Tötung einer höheren Tierform ein geistiges Verbrechen. Tierformen, welche von dämonischen Kräften benutzt werden, sind Ausnahmen.

Hierüber lässt sich noch vieles sagen, bin in alle Einzelheiten. Aber dieses Problem ist in seiner Gesamtheit der Menschheit noch kaum bewusst geworden, wenn auch ethisch hoch entwickelte Menschen ahnungsvoll hier die wunderbaren kosmisch bedingten Zusammenhänge seelisch erfasst haben und danach handeln. Jede erwiesene Liebe dem Tiergeschöpf gegenüber wird im Karmagesetz beachtet.

Das Wissen des ersten Kreises

Der Urquell esoterischen Wissens ist Atlantisches Weistum. Jedoch die Verwurzelung des heutigen Wissens liegt in allen Religionsphiloso-phien sämtlicher Völker der Erde, wenn auch oft nur als Rudiment verborgen. Nicht nur der gesamte mittelländische Kulturkreis, sondern alle atlantischen Randvölker, der nordische Kulturkreis inbegriffen, sind Forschungsgebiete für alle magischen Disziplinе ebenso wie die Kulte aller primitiven Völkerschaften der Erde. Deshalb ist auch die vergleichende Religionsphilosophie ein esoterisches Spezialstudium.

Viele Praktiken der öffentlichen Geheimlehre werden heute noch als Basis des Studiums benutzt, wie die Reinkarnationslehre, das Karmagesetz und die Lehre vom siebenfachen Körper des Menschen. Die Kenntnisse dieser drei wichtigen Disziplinе muss sich der Neophyht zunächst zu eigen machen.

Der Mensch besitzt nach der indischen Geheimlehre einen siebenfach überlagerten Schwingungskörper, dessen Kern der organische Körper ist.

Es ist folgende Einteilung zu machen:

1. Stulah sharira	der organische Körper und
Linga sharira	der Nervenkörper
2. Prana	der Ätherkörper
3. Kama	der Begierdenkörper
4. Kama manas oder Rupa	der Mentalkörper
5. Arupa	der höhere Mentalköprer
6. Kausal manas	der Kausalkörper
7. Buddhi manas	der Universalkörper

Der Nervenkörper zählt zu den organischen Körpern. In ihm liegen die medizinisch bekannten Nervenplexen, denen im Ätherkörper ähnliche ätherische Plexen, die so genannten Chakras übergelagert sind und deren geordnete Funktion die Lebenskraft und den Lebensmagnetismus des Menschen bedingen. Im Sinneskörper (auch Astralkörper genannt) schwingen die sinnlichen Ausstrahlungen des Menschen, seine Begierden und Leidenschaften.

Im Mentalkörper liegen die seelischen Schwingungen, sowie die intellektuellen Geisteskräfte des Menschen verankert, während der Arupa oder höhere Mentalkörper die höheren Geisteskräfte enthält. Die eigentliche Zentralisation des menschlichen Egos ist jedoch der Kausalkörper.

Unter Buddhi manas muss man sich eine Einstrahlungsschwingung der Kräfte der universellen Weltseele vorstellen, den direkten geistigen Kontakt mit dem Erdgeist-Wesen, dem Demiurgen des Erdplaneten.

Der Kausalkörper ist das unvergängliche Ich des Menschen, welcher sich nach dem Reinkarnationsgesetz immer wieder einkörpert.

Es ist nun Aufgabe des Menschen, einen jeden dieser Körper in einen gesunden und harmonischen Zustand zu bringen, sowie einen Zusammenklang dieser siebenfachen Schwingungsstruktur zu erreichen. Hierzu gibt es eine ganze Reihe von Wegen und Praktiken.

Die indische Philosophie spricht ferner von folgender Einteilung der Welt in ihrer Erscheinungsform, respektive ihrer kosmischen Aufbaustruktur. Sie unterscheidet folgende Ebenen oder Daseinspläne, auf denen sich die Entwicklung der Welt vollzieht und deren Reflektionen oder Einstrahlungen auch in den siebenfachen Körpern des Menschen zu verspüren sind:

1. Der physische Plan oder die Welt der Materie

- umfasst Stula sharira (Erdkräfte)
- Linga sharira (Mondkräfte)
- Prana (Sonnenkräfte)

2. Die Astralebene oder Astralplan (Kama loka)
   - umfasst Kama (Marskräfte)
     und ist die Erscheinungsform sämtlicher Wunsch-, Sinnes- und Vorstellungskräfte

3. Der Devachanplan oder die Mentalsphäre
   - umfasst Rupakräfte (Merkurkräfte und
   - Arupa (Venuskräfte)
     hier liegen sämtliche seelischen, intellektuellen und geistigen Kräfte verankert.

4. Die Kausalebene
   - umfasst Kausalnexus (Saturnkräfte)
     und ist die Welt der Ursachen, der Urideen, die sogen. Akashachronik

5. Der Buddhiplan oder der Buddhiebene
   - umfasst Buddhi Manas (Jupiterkräfte)
     und stellt die höchste erreichbare Entwicklungsstufe des Egos dar

Aus diesen fünf Plänen vermag sich das menschliche Ego seine nötigen Aufbaustoffe zu holen für seinen Gesamtkörper, wenn der Mensch sich dafür aufnahmefähig gemacht hat und die nötige Reife dazu besitzt.

Die weiteren zwei höher gelagerten Ebenen sind in ihrer atomistischen Struktur nicht mehr in dem Daseinsplan der Erde und somit auch nicht im menschlichen Ego zu materialisieren, sondern bilden gewissermaßen nur eine Art von Kontaktverbindung mit den höheren geistigen Welten oder kosmischen Schwingungen, welche sich befruchtend auf die anderen fünf Pläne und somit auch auf den Menschen auswirken können.

6. Die Atamanische Ebene oder der atamanische Plan (Nirvana) ist der göttliche Universalgeist in seinen Erscheinungsformen und Einwirkungen auf unsere Weltinsel

7. Die Parnirvanische Ebene oder der parnirvanische Plan enthält für den heutigen Menschen nicht mehr fassbare Schwingungszustände einer kosmischen Struktur, zu deren Erkenntnis die Menschheit noch nicht die nötige Reife erlangt hat

Die geforderte Entfaltung der sieben Schwingungskörper im Menschen nennt man auch die Entwicklung der sieben Prinzipien im Menschen. Hierauf baut sich die theosophische und teilweise auch die anthroposophische Lehre auf.

Zur Entfaltung der sieben Schwingungskörper sowie zur Erlangung esoterischer Erkenntnisse kann man den mystischen oder magischen Weg wählen. Der erstere versucht durch Meditationsübungen die vier unteren Körper möglichst auszuschalten, um in Kontakt mit den höheren Ebenen zu gelangen.

Durch Einwirkung der höheren Prinzipien wird eine ungemein starke Durchpulsung des eigenen Egos mit den Kräften des Buddhi Manas, der Weltseele erreicht (dies war beispielsweise der Fall bei den beiden großen Menschheitsführern Buddha und Jesus).

Alle großen Mystiker und Eingeweihten aller Völker und Zeiten sind diesen Weg mit mehr oder weniger Erfolg gegangen. Der mystische Weg birgt aber auch Gefahren. Indem die gewollte Ausschaltung der unteren Prinzipien durchaus nicht für immer gelingt werden gewisse Disharmonien in der Entwicklung erzeugt, wodurch starke und unheilvolle Rückschläge möglich sind und auch häufig vorkommen. Alle Mystiker hatten unter diesen meist astralen Versuchungen und Anfechtungen zu leiden. Auch Christus und Buddha.

Der magische Weg ist in seinem Aufbau der gesetzmäßigere, indem er stufenweise die Entwicklung fördert, steigert und damit schrittweise auch die höheren Prinzipien erweckt. Hier liegt aber auch die große Gefahr für den Magier. Die Beherrschung der unteren Schwingungskörper erfordert eine gewaltige Energie und Kraftentfaltung und diese kann den Magier leicht dazu verführen die erlangten Kräfte gewollt oder ungewollt zu missbrauchen. So mancher Magus ist den Pfad der schwarzen Magie gegangen und hat sich dadurch auf Inkarnationen mit neuem Karma belastet. Der weißmagische Weg, der Pfad der rechten Hand hingegen, wird nur selten von Meistern und Hocheingeweihten benutzt und auch nur zum Wohle des Menschen.

Die Verbindung mit der mentalen Sphäre

Die Sehnsucht eines jeden Esoterikers ist es den mystischen Pfad gehen zu können, der ihn in die kristallklaren Schwingungen der mentalen Ebene der Menschheitsevolution führt. Dieser Weg, diese Hochpolung, ist durchaus gangbar und erreichbar. Je harmonischer und reiner der innerliche, seelische Zustand des Esoterikers ist, desto wahr-scheinlicher und leichter kann dieses hohe Ziel erreicht werden. Es ist dies der Weg der weißen Magie. Erzwingen lässt er sich nicht. Aber man vermag ihn zu beschreiten durch mystische Versenkungsübungen, durch praktische Mantamistik und durch Meditationsmagie.

Durch eine genaue Beobachtung der transitorischen großen, okkulten Planeten über die geeigneten Promissorstellen des eigenen Geburtshoroskops lassen sich günstige Tage und Stunden für derartige mentale Übungen vorausbestimmen. Diese sind dann für den Esoteriker die Zeitepochen, in denen sein Geist und seine Seele offen sind für den Influxus der höheren Sphären.

So kann sehr wohl der Kontakt mit diesen Ebenen bewusst herbei geführt werden, vorausgesetzt, dass der Esoteriker überhaupt dafür prädestiniert ist. Eine praktisch ausgeführte Magie dieser Art ist durchaus nicht astral oder schwarzmagisch, denn ihre Beweggründe entspringen keinen egoistischen Motiven. Vielmehr entspringen sie einer inneren Sehnsucht nach Gott, der Wahrheit und der geistigen Erleuchtung. In jedem suchenden Menschen werden einmal die Lichter umgestellt, wie die Kabbala so richtig anführt. Wann allerdings dieser Zeitpunkt eintirtt, kann man selbst nicht bestimmen. Es sind dazu oft viele Inkarnationen nötig.

Durch mental-magische Experimente, kann der Esoteriker mit höheren mentalen Wesenheiten in direkte Verbindung gelangen, die sich zu manifestieren vermögen. Sie werden ihn immer im geistigen Sinne befruchten. Es kommt dabei natürlich auf seinen geistigen und inneren

Reifezustand an und auf die Wesenart und Kategorie, welcher das erscheinende Wesen der mentalen Sphäre angehört, denn diese besitzt ja wie die Astralebene sieben Unterschwingungen. In dieser magischen Praxis bestehen deshalb sehr diffizile Unterschiede. Beabsichtigen höhere mentale Wesenheiten einen Menschen zu erreichen, oder sich ihm bemerkbar zu machen, so müssen sie sich zunächst mit Astralmaterie gleichsam umhüllen, um sich in der niederen Sphäre, in Stuhla Sharira überhaupt manifestieren zu können.

Dieses magische Grundgesetz ist durch zahlreiche gelungene Experimente und Beobachtungen einwandfrei erwiesen. Durch diese Tatsache ist dem experimentierenden Magus eine sehr gute Unterscheidungsmöglichkeit gegeben, denn ihm sind ja die Farbtöne der verschiedenen Sphären bekannt. Ein Wesen mentalen Ursprungs wird in seiner Strahlungs- oder Lichterscheinung im Kern stets die Farben grün oder blau aufweisen, in selteneren Fällen auch gelb, während die äußere Umhüllung in rötlichen Farbtönen schwingt und in einen grauen Ton ausläuft. Erscheinungsformen nur in roten Farbtönen sind immer rein astrale Wesenheiten, solche in grau oder weiß sind sogenannte Spirits, mediumistische Manifestationen, also Spaltungskörper lebender, sich in Trance befindlicher Menschen.

In je reineren leuchtenderen Farbtönen die erscheinende Wesenheit schwingt, desto sicherer ist sie im Ursprung als mentale Erscheinung anzusehen.

Man kann bei diesen Experimenten erwiesenermaßen auch in Verbindung mit eingeweihten Meistern oder geistigen Führern gelangen, die sich nicht mehr im körperlichen Zustand befinden und bereits auf der Mentalebene schwingen. So ist z.B. die „Weiße Bruderschaft“ eine solche mentale Organisation, die auf diese Weise Kontakt sucht mit sensiblen geeigneten Menschen.

Man kann auch eine Reperkussion (Verbindung) erhalten mit den so genannten Astral-Devas, den Engeln der Astralebene, deren Kernschwingung aber immer in den oben genannten Farbtönen leuchtet. Reine Mental-Devas werden aber nur in den seltensten Fällen sichtbar, da sie sich infolge ihrer feineren ätherischen mentalen Struktur nur sehr schwer den unteren Sphären nähern können. Einige Ausnahmen hat es aber auch hier schon gegeben, indem besonders begnadeten Menschen tatsächlich derartige Engelwesen erschienen sind, oft sogar ungewollt und nicht herbeigerufen. Es sind eine ganze Anzahl dieser Fälle in der geschichtlich okkulten Literatur überliefert.

Es ist jedoch übelster Mystizismus, wenn besonders in theosophischen oder katholischen Kreisen behauptet wird, direkte Verbindung mit den Erzengeln, mit Jesus Christus oder gar mit Gott durch eine sichtbare Erscheinung gehabt zu haben. Ausnahmefälle hochsensibler, gläubiger Menschen mag es auch hier geben, aber meist handelt es sich hierbei nur um Einbildung oder Hysterie. Einer sachgemäßen okkultmagischen Nachprüfung halten diese Behauptungen nicht stand. Aber es sind Fälle genug bekannt geworden, indem sich Astraldämonen geschickt und bewusst der Form und des Aussehens höherer Wesenheiten bedienten, um nicht geschulte Menschen zu täuschen und in die Irre zu führen. Ein geschulter Magus vermag, wie bereits angeführt, aus den wahrnehmbaren Farblichttönen der Erscheinungen seine richtigen Schlussfolgerungen zu ziehen.

Nun sind sichtbare Erscheinungen aus der Mentalebene überaus selten und es ist dazu schon ein hohes magisches Wissen notwendig, oder aber es ist eine wunderbare Begnadigung, wenn derartige Resultate eintreten. Viel häufiger sind Manifestationen aus der mentalen Sphäre, die nur durch Klang oder Farbe ohne jede Formgebung wahrgenommen werden können. Ein aus der übersinnlichen Sphäre kommender Klang, ein wunderbarer Akkord, eine eigenartige Melodie oder Tonfolge, ist oft genug bereits eine mentale Manifestation, wenn sie sich in ihrem natürlichen Ursprung nicht erklären lässt. Sensible Menschen hören diese Töne gewissermaßen mit ihrem sechsten Sinn, dem Hellhören.

Ebenso häufig, sind wahrgenommene Erscheinungen von Symbolen oder symbolhafte Figuren mentalistischen Ursprungs. Es können auch farbige Gebilde auftreten. Um diese Erscheinungen deuten zu können, muss der Neophyt die Geheimsymbolik eingehend studieren, die eine okkulte Disziplin für sich darstellt. Erscheint z.B. dem Neophyten in der Meditationstrance ein Dreiecksymbol im Kreis, so erlebt er eine mentale Manifestation. Es können hier vielfältige Variationen auftreten. Nimmt er ein ihn anblickendes Auge mit oder ohne Symbol oder ein Augenpaar wahr, so ist dieses für ihn ein besonders wichtiges Erlebnis, denn dann steht er dem „Hüter der Schwelle" gegenüber, dem Mysterium einer Einweihung. Es kommt hierbei sehr auf den Ausdruck des betreffenden Auges an. Es kann eine Warnung sein oder auch Wohlwollen ausdrücken.

Gerade diese Erscheinung wurde oft bezeugt in mystischen Kreisen und gilt als ein bestimmter Einweihungsgrad den der Myste erreicht hat. Immer sind derartige mentale Manifestationen von harmonischer Schönheit und Machtfülle und erzeugen ein tiefes Gefühl der Glückseligkeit im Menschen, welches sich nur sehr schwer mit Worten beschreiben lässt.

Auch alle Traumerlebnisse sind nach diesen Gesichtspunkten zu beurteilen, denn oft sind Träume keine Schäume, sondern die Verbindung des Egos mit einer höheren Sphäre. Spaltungsmagie, Formen- und Symbolmagie und Meditationsmagie müssen studiert und beherrscht werden, wenn man bewusst derartige mentale Verbindungen erreichen will.

Die Vokalatemübungen zur Erweckung des Mentalkörpers

Eine der ersten Schulungsaufgaben zur Erweckung der mentalistischen Kräfte in seinem siebenfachen Körper sind für den Neophyten die Exerzitien des Vokalatems. Diese sind sämtlich sehr wichtig und bilden die Grundlage für eine systematische Hochpolung des Menschen. Ausführliche Übungsanleitungen befinden sich in dem empfehlenswerten Buch „Die magische Einweihung" von Karl Spiesberger.

Die esoterische Lehre vom geistigen Atem ist uralt und allen Geheimschulungen zu eigen. Sie ist die Basis sämtlicher sogenannter Yogalehren, über welche es ja eine sehr eingehende Literatur gibt und von denen der Neophyt einige benötigt zur Ergänzung seines Studiums.

Der Mystiker und Altmeister Kerning mit seiner Buchstabenmagie, der Esoteriker Peryt Shou und der Theosoph Sebottendorf waren Vorkämpfer dieser Lehre in der neueren Zeit.

In der Geheimlehre nennt man diese Disziplinen: Die Lehre des Memnon, des tönenden Gedankenatems.

Diese uralte Laut- und Tonmagie birgt in sich ein viel höheres Wissen als es heute gelehrt werden kann, denn das alte Weistum ging zum größten Teil leider verloren. Hier liegt auch die Erzeugung der geheim-nisvollen Vril-Kraft der Atlanter verankert. Das Schwingungszentrum oder die Urquelle dieser Kraft soll sich in der Uranus-Neptun-Sphäre befinden, aber noch hat man dies nicht entdeckt. Vielleicht muss hierzu erst eine weitere geistige Hochpolung der Menschheit durch den zunehmenden Einfluss weiterer transplutonischer Planeten erfolgen.

Die Vrilkraft wurde in der Atlantisepoche der Venus zugeschrieben und die Geheimlehre spricht davon, dass diese geheimnisvolle Kraft von den Venusadepten auf dem Berge Adiris zur Erde gebracht wurde, um sie der Menschheit zur Verfügung zu stellen. Sie ging aber verloren durch den Fall und den Abstieg des Menschengeschlechts. Die Schlussfolgerung ist nahe liegend, dass diese Kraft der Menschheit wiedergegeben wird, wenn der transplutonische Planet Isis (5 Grad Löwe) in Aktion tritt, denn er besitzt einen hochgepolten Venuscharakter und ist Herrscher im Zeichen Stier.

Die Entdeckung der Atomenergien ist ja bekanntlich kosmisch gesehen, rein plutonischen Ursprungs und es ist kaum zu erwarten, dass im Zeitalter des Aquarius durch die starken uranischen Impulse die Schwingungen des transplutonischen Planeten Isis von der Menschheit leichter aufgenommen werden können als bisher. Man erklärt durch die Benutzung der Vrilkraft den Bau der Pyramiden und der rätselhaften mittelamerikanischen Hochbauten der Azteken, Tolteken und Mayas. Die Vrilkrafttonschwingung soll im Stande sein, die Schwerkraft aufzuheben, ermöglicht durch eine bewusste Erzeugung bestimmter elektromagnetischer Kraftfelderzonen.

Praktische magnetische Experimente haben ergeben, dass sehr sensible Menschen durch Beeinflussung von erzeugten Tonwellen in einen tiefen Trancezustand fielen. In den tibetanischen Kultriten finden noch heute sehr lange Posaunen Verwendung durch die eine sehr tiefe Tonlage erzeugt wird, die unzweifelhaft auf die Gläubigen eine magische Wirkung besitzt.

In der antiken Instrumentalkunde findet man viele derartige und eigenartige Instrumente, deren Zweck man sich nicht mehr erklären kann. Die mehreren Meter langen Kuh-Hörner in den Alpen, die dort heute noch gebraucht werden, sind ebenfalls rudimentäre Kultinstrumente. In der Bibel heißt es: Sie bliesen auf ihren Posaunen und die Mauern von Jericho fielen um! Der heutigen Wissenschaft ist sehr wohl die Wirkung der Schallwellen bekannt, aber die Einwirkung dieser Vibrationsgesetze auf den Menschen und seine Psyche ist noch wenig erforscht, vor allem nicht auf den okkulten Arbeitsgebieten.

Den Exerzitien der Vokale soll zunächst die Lehre der Wirkung des Konsonaten „M“ vorausgenommen werden, denn diese lautmagische Einwirkung wird in der Esoterik sehr oft erwähnt. Im arischen Weistum heißt es: Wodan schöpfte Weisheit aus dem Brunnen „Mimir“. Die alte hebräische Weisheitslehre sagt: Abraham wurde von Gott erleuchtet am Brunnen „Mamre“. Die babylonischen Priester schöpften ihre Intuitionen aus dem Geheimnis des „Mu-Mu“. Die indischen Lehren bezeichnen „Om“ als Schlüsselwort. Das sind keine Zufälle, sondern symbolverborgene Hinweise.

Der Esoteriker Peryt Shou lehrt, dass die unbekannten „M-Wellen“ wie er sie nennt, Fixsternstrahlungen sind, deren Ursprungsort im Sternbild des Orion liegen. Also auch hier wiederum ein Hinweis auf den Sektor des Tierkreiszeichens Stier! Außerdem sind die beiden Orionfixsterne Bellatrix und Rigel von einer festgestellten, ausgesprochenen magischen und mediumistischen Einwirkung. In den Vishnu-Puranas der Inder wird der Abstieg der Pitries über Agataya (Canopus) erwähnt, eine Parallele zu der Version über die Venusadepten im Atlasgebirge.

Das nasale Singen des Buchstabens „M“ ruft im Resonanzfeld des Gaumens und in dem dahinter liegenden Schädelbezirk Schwingungen hervor, deren Vibrationseinwirkung auf das ganze Gehirn des Menschen sehr stark und wahrnehmbar sind, wie derartige Versuche ergaben.

Das Tonstratum im Ätherkörper wird vor allem im Halschakra wahrge-nommen und kann durch Konzentration durch das Stirnchakra an das Scheitelchakra bewusst weitergeleitet werden. Dazu ist die gedankliche Imaginationskraft eines wissenden Magus durchaus im Stande. Es handelt sich ja bei diesen Übungen um eine bewusste Aktivierung des ätherischen Körpers und seiner Chakrafunktionen.

Exerzitium:

Bringen sie sich in eine harmonische und bequeme Ruhelage. Körper entspannt. Kopf etwas höher gelagert. Augen geschlossen. Hände gefaltet und auf den Solar Plexus gelegt. Die Füße leicht gekreuzt. Nun summen sie neunmal hintereinander den Konsonanten „M" im nasalen Tone. Mund geschlossen. Stimmlage möglichst tief. Nach einer kurzen Pause die Übung wiederholen. Mehr als neunmal die Gesamtübung aber nicht vornehmen. Achten sie bei dieser Übung besonders auf eintretende Schwingungen und Vibrationen des Körpers.

Okkulte Raumkunst

Das „Ich“ des Menschen benötigt zu seiner harmonischen Entfaltung einen Gegenpol – das „Du“. Dieses aus sich geschaffene „Du“ steht zu ihm in einem immerwährenden Spannungsausgleich. Wenn sich dieser Ausgleich in Harmonie vollzieht, wird er zu einer Kraftquelle des „Ich“. Nur sehr wenige Menschen vermögen vollständig für sich allein zu sein und auf eine „Du-Gestaltung“ zu verzichten.

Im weiteren Sinne gehört zu dem „Du“ die gesamte Umgebung des „Ich“; die Menschen des täglichen Verkehrs, der Ehepartner, die Freundschaften, die Verwandtschaft, der Staat, das Volk, dem der Mensch angehört, die Landschaft, in der er sich aufhält und der Beruf, in dem er arbeitet. Im engeren Sinne bedeutet der Raum in dem der Mensch sich täglich aufhält, seine Wohnung seine „Du-Ausgestaltung“.

Aus diesen Gründen ist es sehr wichtig, in allen diesen Beziehungen das Gesetz der Sympathie und Antipathie zu Grunde zu legen, um sich eine möglichst harmonische Basis für seine Lebensgestaltung zu schaffen. Dazu kommt noch die Beachtung der Odgesetze, der Ausstrahlung jedes lebenden Wesens oder der scheinbar toten Dinge. Es ist unklug, stetig mit einem unsympathischen Menschen zusammen zu leben und ebenso falsch ist es, disharmonisch einwirkende Gegenstände im Bereich der Wohnung zu dulden. Hier sündigt der Mensch gegen sich selbst, ohne sich dessen immer bewusst zu sein.

Wenn der Neophyt auf seinem Schreibtisch das Bild eines lieben Freundes, einer Freundin oder Geliebten, das Bild seiner Kinder, oder das seines Meisters aufstellt, so werden ihm diese Bilder harmonische geistige und seelische Kraftströme zusenden in ihrer Ausstrahlung, denn eine Fotografie ist ebenso wie ein handgezeichnetes Symbol oder

Bild, eine formgewordene Kraftzentralisation. Dies sollte man stets bedenken.

Total falsch ist es nun aber Bilder von verstorbenen Angehörigen und Menschen im Raum zu dulden, denn diese sind nicht nur keine Kraftquelle, sondern sogar eine Reperkussion (Verbindung) astraler Art zu den Toten. Diese Reperkussion zu einem Verstorbenen ist nach den okkulten Lehren durchaus nicht anzuraten, denn diese Wesen aus einer anderen Sphäre sind immer Entzieher von Odkräften. Die magische Disziplin des siderischen Pendels gibt ja eine vorzügliche Kontrollmöglichkeit über Plus- oder Minuskräfte, respektive über die vorliegende Ausstrahlung eines jeden Gegenstandes. Gedanken sind Kräfte!

Es ist durchaus möglich, auch Gegenstände durch Gedankenkräfte gleichsam aufzuladen und ihnen einen magischen Influxus zu geben. Gedanken können magisch ferngelenkt werden. Deshalb kann die gesamte Umgebung eines Menschen fernbeeinflusst werden von einer magisch geschulten Person. Dies ist zu beachten.

Logischerweise kann aber auch jeder Raum, jedes Ding oder Gegenstand durch Gedanken und durch Odkräfte magisch geschützt werden. Außerdem pflegt die nähere Umgebung eines jeden Menschen dessen Odausstrahlungen anzunehmen und aufzuspeichern. Diese Aufladung kann bewusst oder unbewusst geschehen. Es greifen in der praktischen Anwendung hier nun verschiedene magische Disziplinen ineinander.

Die Praxis der Odlehre sagt, dass man alle Gegenstände einoden kann und diese mit einem gedanklich fundierten magischen Mantel umgeben kann. Genauso kann man sich selbst schützen durch den so genannten magischen Odmantel. So erhält auf diese Weise der gesamte Raum des Neophyten dessen eigenen magischen Influxus.

Man kann dieses Gebrauchstum unterstützen durch Anbringung von sogenannten Schutzsymbolen ganz verschiedener Konstruktionen, denn ein Symbol ist immer eine geballte Kraft. Darüber gibt ja die Lehre der Geheimsymbolik Auskunft. So schützt z.B. ein auf Pergament gezeichnetes Pentagramm am Kopfende des Bettes angebracht, vor astralen nächtlichen Beeinflussungen. Das gleiche Symbol an der Türe des Raumes angebracht, schützt vor Einflüssen feindlich gesinnter Menschen. Magisch geschulte und wissende Menschen schützen auch ihr persönliches Eigentum durch besonders symbolgeschmückte Aufbewahrungsmöglichkeiten, wie Schränke, Kästen, Truhen usw.

Zunächst sind aus der Wohnung des Neophyten rücksichtslos alle Bilder und Gegenstände zu entfernen, zu denen er nicht in einer persönlichen Beziehung steht. Der Neophyt soll sich vor allem einen Raum schaffen, welcher für ihn allein reserviert ist. In diesem soll er arbeiten, sich tagsüber aufhalten du ihn auch als Schlafzimmer benutzen. Ein gemeinsames Schlafzimmer kommt ja sowieso für einen okkult geschulten Menschen nicht mehr in Frage. Sein eigener Raum soll und muss vor jeder sexuellen und erotischen Schwingung, sowie vor den negativen Odausstrahlungen bewahrt bleiben. Nur so schafft man ein ernstes, geistiges Gepräge im mentalen Sinne.

Die Ehefrau oder die Kinder sollen das Zimmer möglichst nicht betreten. Die Reinigung des Zimmers muss man nach Möglichkeit selbst vornehmen oder durch Hilfskräfte nur an einem Montag tagsüber unter Aufsicht reinigen lassen, aber niemals nach Sonnenuntergang und auch nicht an einem Samstag oder Sonntag. Man braucht hier nicht in Extreme zu verfallen. Es werden hier ja nur magische Richtlinien gegeben, welche jeder Mensch für sich persönlich auswerten und anpassen muss.

In der heutigen Zeit der Wohnraumknappheit und des sozialen Niedergangs können diese Ziele bei den meisten Menschen vorläufig wohl doch nur Pläne bleiben für die Zukunft. Trotzdem kann man sich mit diesen Ideen befassen und versuchen, sie nach und nach Wirklichkeit werden zu lassen.

Man kann langsam daran gehen, seinen Arbeitsraum auszugestalten, soweit dies ohne ernstliche Konflikte möglich ist. Entfernen sie zunächst alle Bilder und Gegenstände aus ihrem Zimmer, die keine Originalanfertigungen sind. Man soll keine Imitationen dulden. Kunstdrucke, Gips- und Nippesgegenstände soll man rücksichtslos verbannen. Nur echte Kunst hat Wert. Jedem Original, sei es Bild oder Gegenstand haftet das Od des Herstellers oder Künstlers an. Dieses muss man bedenken.

Man braucht durchaus nicht reich zu sein, aber man kann hier mit wenigen Mitteln und einem guten Geschmack viel erreichen. Bilder von Verwandten und Eltern, so genannte Klassenbilder oder gar Diplome aufzuhängen, zeugt von einem schlechten Geschmack. Eine gute Radierung oder eine Federzeichnung, ein japanischer Holzschnitt und dergleichen mehr lassen sich billig anschaffen. Es kommt ja nicht auf die Kostbarkeit des Gegenstandes an, sondern auf die persönliche Bindung an ihn, auf seinen ideellen Wert.

Einen gewissen Luxus soll man sich auch als geistiger Arbeiter schaffen und dies sind ein Schreibtisch und ein Bücherregal. Es braucht kein prachtvoller Bücherschrank zu sein. Für okkulte Zwecke ist ein großer, vom Fußboden bis zur Decke reichender Spiegel notwendig (wenn möglich mit Quecksilberbelag) und mit einer Vorrichtung, diesen zeitweise verhängen zu können.

Ein kleiner Tisch ist nötig, ein Räuchergefäß, ein Gong. Ferner eine verschließbare Truhe zum Aufbewahren von magischen Utensilien, Mappen und wichtigen Schriftstücken. Die Beleuchtung sollte so geregelt sein, dass man farbiges Licht zur Verfügung hat. Die Eingangstür ist mit einem Innenvorhand abzuschließen. Die Farbe der Wände soll dunkelgrün oder dunkelblau sein. Der Fußboden sollte mit Matten oder Teppichen belegt werden und das Zimmer möglichst ohne Verbindungstür zu anderen Räumen sein.

Vorteilhaft ist es natürlich, möglichst am Rande einer Stadt oder auf dem Lande in Abgeschiedenheit zu wohnen. Je größer die Menschenferne, desto besser. Man kann sich aber auch sach- und zeitgemäß in einer Großstadt isolieren und bewusst einsam sein.
Regelmäßige Tagesräucherungen nach den Tagesplaneten ergänzen das vorher Gesagte. Wichtig ist es auch, das Zimmer vor Unberufenen zu schützen und abzuschließen.

Ich betone nochmals, dies sind alles nur Richtlinien. Ich habe hier sonderbare Dinge erlebt durch extreme Handlungen. Ein eifriger Neophyt hat zum Entsetzen seiner Frau die halbe Wohnungseinrichtung auf die Straße geworfen und sein Zimmer vor ihr versiegelt. Derartige Extreme sind natürlich falsch und bringen nur Unfrieden. Man kann sehr wohl seinen Ehepartner durch richtige geistige Begründung überzeugen.

Die östlichen Völker haben eine ganz besonders gute Wohnungskultur in diesem Sinne. So würde ein Japaner niemals seinen Arbeits- oder Schlafraum mit Straßenschuhen betreten. Denken sie auch an die berühmte Teezeremonie der Japaner und die Wohnraumkultur der Chinesen.

Wer natürlich über geeignete Räume verfügt, vermag dies alles viel besser auszugestalten. Aber darauf kommt es bei diesen Ausführungen gar nicht an. Der Neophyt soll sich ganz nach seiner Individualität als eigene Persönlichkeit entfalten, er soll sich immun machen gegen den nivellierenden Druck der Masse. Er soll ein Mensch mit Kultur werden! Dieses kann man erreichen als einfacher Mensch mit geringem Einkommen. Man muss nur die Grenzen seiner eigenen Sphäre verteidigen, die man zur Entfaltung seines geistigen Ichs benötigt.

Die sich in dem Neophyten durch das Studium der Geheimwissenschaft langsam vollziehende innere Wandlung kann und wird sich sehr wohl auch in seiner Umgebung ausprägen und im Stande sein, diese gänzlich umzugestalten, gewissermaßen zu veredeln. Genau wie eine Privatbibliothek den vorhandenen Intellekt, die Geistigkeit und Richtungsentwicklung des Besitzers anzeigt, so spricht auch der bewohnte Raum von der Persönlichkeit des Menschen. Aus diesem Grund soll der Neophyt versuchen, den Räumen in denen er sich aufhält und arbeitet, nach Möglichkeit sein eigenes Gepräge zu verleihen, sie sogar im okkulten, magischen Sinne ausgestalten, um in ihnen einen besonderen Influxus zu schaffen.

Auch seine Bibliothek soll der Neophyt öfters einmal durchsehen und diejenigen Bücher ausmerzen, die ihm geistig nichts mehr geben, über die er hinausgewachsen ist. Bücher sind die besten Freunde des Menschen und es gibt immer einige Bücher, von denen man sich nicht trennt, die die Menschen durch das ganze Leben hindurch begleiten.

Die Aufhebung der Individualität durch manche moderne Staatsform hat in dieser Hinsicht ein entsetzliches Unheil in der Menschheit angerichtet. Es wurden nicht nur unschätzbare Kulturwerte vernichtet, sondern auch der Kultur der Persönlichkeit ein kaum wieder gut zu machender Schaden zugefügt. Kollektives Denken ist der Tod der Geistigkeit!

Ein geistiger Mensch entwickelt in sich ganz von selbst eine Instinktsicherheit für das was Kultur bedeutet und versucht dann ganz automatisch, danach zu leben. Gelingt ihm dieses, so geht er bereits einen der Wege, die zur inneren Harmonie und Glückseligkeit führen. Eine idealistisch fundierte Lebensführung ist Lebenszweck. In Freiheit sich selbst leben zu können, bedeutet großes Glück. Denn Freiheit ist Lebensnotwendigkeit, sagt der große Philosoph Nietzsche.

Die Anlage einer okkulten Bibliothek

Man sagt: Bücher sind die besten Freunde des Menschen! Dieses Sprichwort enthält viel Wahrheit. Besonders mit zunehmender Reife stellt man immer mehr fest, dass der eigene Weg einsamer wird. Die Ideale, die früher einmal begeisterten, verblassen mehr und mehr durch die Realität des Alltags. Die wirklichen Freunde, die diese Bezeichnung verdienen, werden weniger.

Immer mehr zieht sich man sich in seine eigenen von sich selbst erschaffenen geistigen Bezirke zurück und bemüht sich diesen seine eigene Note und Prägung zu geben.

Durch die eingetretene Reife hat man längst erkannt, dass die religiösen Lehren nicht mehr trösten und oftmals enttäuschen. Man weiß längst, dass es Gott im kirchlichen Sinne nicht gibt. Wohl dem, der sich zu einem höheren esoterischen Gottheitsbegriff durchgerungen hat, bei dem er Trost findet.

Was bleibt? Nur die Resultate des eigenen Erfahrungswissens, die man meist durch Enttäuschung und Leid errungen hat.

Wenn man dies erkannt hat und einen gewissen ureigenen und gesunden Egoismus innerlich bejaht, dann hat man bereits den Gipfel menschlichen Erkenntnisvermögens erreicht. Man lässt sich nicht mehr beeinflussen von der Oberflächlichkeit des Lebens und seiner Men-schen den ach so trivialen Vergnügungen, die meist nur einen schalen Nachgeschmack hinterlassen.

Man lebt bewusster, innerlicher und freier. Die selbst gezogenen Grenzen überschreitet ohne den eigenen Willen keiner. Man atmet Höhenluft, wie ein Bergsteiger auf hohem Gipfel.

Man besitzt noch Freunde, die man sich selbst erwählt hat und die sich bewähren, so lange man lebt. Diese echten Freunde, die nichts von einem wollen, die immer nur bereit sind zu geben, das sind die eigenen Bücher, das ist die eigene Bibliothek, die man sich selbst zusammengestellt hat. Schon die Auswahl, die jahrelange Zusammenstellung der eigenen Bücher gewährt immer wieder Freude.

Man kann sehr wohl seine Bücher lieben, man kann sie pflegen, sie liebend und sorgfältig zur Hand nehmen, kann leise ihre Rücken streichelnd den Bücherschrank entlanggehen und gedanklich den inneren Kontakt mit ihnen immer wieder erneuern.

Es gibt Bücher, die man mehrmals im Leben lesen kann und man entdeckt in ihnen wieder etwas Neues. Man versteht ihren Inhalt immer mehr und immer tiefer. Dann wieder gibt es Bücher, aus denen man sich Rat holen kann für die Miseren des Alltags und Bücher, deren Lesen die Einsamkeit verschönt oder aus denen man neuen Ansporn gewinnt.

Eine sorgfältig zusammengestellte und ausgewählte Bibliothek, die man zu seinen eigenen Studien benötigt, gibt immer wieder neue Aufgaben. Natürlich muss man die einzelnen Disziplinen seiner gewählten Wissenschaft stetig ergänzen. Es gibt immer wieder wertvolle Neuerscheinungen, die gelesen oder studiert werden müssen, damit man sein eigenes Wissen ergänzt und man orientiert ist über die Weiterentwicklungen. Auch hier kann Stillstand Rückschritt bedeuten. Bücher sind gewissermaßen der erkennbare Maßstab der steil vorwärts schreitenden Entwicklung der Evolution der Menschheit.

Wie oft kann man stolz sein, wenn es gelungen ist, ein Buch zu finden, dass man für wert hält, um es in die eigene Bibliothek aufzunehmen.

Doch eine gute okkulte Bibliothek zusammen zu stellen, ist nicht leicht und erfordert eine gewisse Erfahrung und sogar Intuition. Im okkulten Sinne kann man sogar behaupten, man wird zu Büchern geführt, die für die eigene Weiterentwicklung wichtig sind oder diese Bücher kommen von selbst in Besitz.

Leider gibt es nur wenige selbstschöpferische Menschen unter den neuen Autoren. Meist wird nur abgeschrieben und altes Wissen wiedergekäut. Autoren, welche versuchen, altes bewährtes und anerkanntes Wissen in einer neuen Systematik zusammen zu stellen, um es weiteren Kreisen zugänglich zu machen, sind selbstverständlich in ihrem Schaffen zu begrüßen und anzuerkennen, obwohl auch gute Interpreten selten sind.

Es ist richtig, dass man oft in einem Buch, in einer ansonsten unschein-baren Broschüre, ein wertvolles Kapitel, oder eine neue Meinung, oft nur wenige Sätze findet, die das erlangte eigene Wissen untermauern oder sogar ergänzen und vertiefen.

Es gibt aber auch Bücher, über welche man in seiner eigenen Entwicklung hinausgewachsen ist, die einem nichts mehr geben können. Besonders solche Bücher, deren Unwert man erkannt hat, sollte man ausmerzen oder vielleicht damit anderen Menschen eine Freude machen, falls sie das Prädikat "Unwert" nicht ganz verdienen.

Man sagt mit Recht: "Gewähre mir einen Einblick in Deine Bücher und ich will Dir sagen, wer Du bist, auch wenn ich Dich sonst nicht kenne."

So manche Bibliothek wird oft als reiner Ballast mit herumgeschleppt, oft durch mehrere Generationen, weil man zu bequem ist, die nötige Auswahl vorzunehmen.

Wahre Freunde verborgt man nicht! Also sollte man der Unsitte nicht nachgehen, seine Bücher zu verborgen. Ausnahmefälle gibt es natürlich, aber prinzipiell sollte man den Fragenden anregen, sich das betreffende Buch selbst zu kaufen, falls man dieses empfehlen kann.

Es wäre noch vieles zu sagen über bibliophile Neigungen, die eine schöne Ergänzung sind, aber dies gehört nicht zum Thema. Man kann auch Freude an schönen Einbänden, an Buchschmuck und Buchausstattungen haben, an guten künstlerischen Illustrationen und eine besondere Freude kann man sicher empfinden, wenn ein Buch mit einem wertvollen Inhalt auch ein entsprechendes Äußeres besitzt.

Es gibt Sammler die sich auf okkulte Erstausgaben spezialisiert haben, andere sammeln okkulte und magische Romane, von denen es früher so viele gab. Wieder andere sammeln bestimmte Autoren oder Fachgebiete.

Ein wahrer Esoteriker wird auch immer künstlerische Neigungen haben, die er in seiner Bibliothek zum Ausdruck kommen lässt, auch wenn er nicht zu der Kategorie der internen Büchersammler gehört. Broschierte oder unansehnlich gewordene Bücher gehören nicht in eine gepflegte Bibliothek. Man sollte sie nötigenfalls einbinden lassen.

Es ist zu bedauern, dass die frühere Mode, sich ein eigenes Exlibri in möglichst individueller und künstlerischer Ausführung zuzulegen, nach und nach in Vergessenheit geraten ist, denn dies erhöhte den Wert der eigenen Bibliothek ungemein.

Ja es gab früher sogar große Kreise von intellektuellen Menschen, die sich mit der Sammlung von Exlibris aus Freude und Kunstverständnis beschäftigten. Aber in der heutigen Zeit ist der Kreis der wahren Bücherfreunde klein geworden. Moderne Medien haben das Gefühl für ein schön gebundenes Buch und das Erleben seines Inhalts in Zeiten der Muse, verdrängt.

In einer hektischen Zeit nimmt man sich nicht mehr die Zeit, sich mit einem guten Buch zurückzuziehen, in seinen ureigenen Bereich, damit die Seele wieder erstarken kann und man neue Kraft und Anregung schöpft. Eine stille, gemütliche Ecke, ein abgeschiedener Winkel, der Platz unter dem Lieblingsbaum, vor dem Schlafengehen, es gibt so viele Gelegenheiten der inneren Einkehr und des inneren Friedens, nur müssen wir uns diesen selbst schaffen, mitunter sogar erkämpfen.

So sollen diese Zeilen ein Mahnwort an den wahren Bücherfreund sein. Sagte doch die Münchner Dichterin Irma Groeninger, die leider früh verstorben ist, ganz recht:

"Ich war gewollte einsam! Doch hatte ich als Freunde die Herrlichsten, die je gelebt in toten Tagen.

Der mystische Mensch

Die Bezeichnung Mystik hat nichts mit Magie zu tun, obwohl auch zum Pfad des Mystikers eine gewisse geistige Energie benötigt wird. Aber es wird sehr viele Menschen geben, deren tiefes religiöses Bewusstsein sie dazu drängt, den mystischen Weg zu gehen.

Der Schüler der Geheimwissenschaft muss sich zunächst über ein paar grundlegende Begriffe klar sein, denn ich lehre wohl Mystik, aber nicht Mystizismus. Der letztere Begriff deckt sich mit einer verwirrenden religiösen Auffassung aller Dinge, welche nicht fundiert ist, sondern nur den Menschen verwirrt und ihm jedes klare Denken nimmt, ihn arbeitsunlustig und energielos macht, ihn meist in religiöse Extreme fallen lässt und ihn schließlich zum religiösen Wahnsinn führt.

Es ist auch nicht die heute so häufig gelehrte Mystik auf theosophischer Grundlage oder in neugeistiger Verbrämung, noch christliche Mystik gemeint, denn diese Lehren sind nur alte Impulse in neuen Gewändern.

Ich halte es für verfehlt zu versuchen, die alte religiöse christlich angehauchte Mystik des Fischezeitalters wieder galvanisieren zu wollen. Das Wassermannzeitalter bringt und verlangt hier neue Fundamente. Ich kann deshalb nur von einer esoterischen Mystik sprechen, die natürlich in ihren Grundlagen noch manches gemein hat mit den Lehren der alten Jahrhunderte, denn schließlich ist der mystische Weg immer der gleiche, soweit sein Ziel in Frage kommt, nämlich: Das Einswerden mit Gott!

Zunächst einige klare Richtlinien:

Niemals soll man den Begriff „Gott“ irgendwie personifizieren! Niemals soll man den Begriff „Gott“ als Vorbild oder Maßstab für eine anzustrebende Ethik und Moral voranstellen. Niemals soll man den Begriff „Gott“ als gut und vollkommen bezeichnen und danach in die Irrlehren der Kirche zurückfallen, die den lieben Gott als wohlmeinenden Vater oder als strafenden Popanz benutzen gegenüber dem unheilbringenden stinkenden Teufel.

Es wäre und ist viel richtiger, nicht von Gott zu sprechen. Um diesem Gottheitsbegriff eine bildliche Form zu geben, kann man auch sagen: Urlicht, Urfeuer, Urkraft, Nullpunktsenergie, Absolutum usw. Darauf kommt es im Grunde nicht an.

Eines muss hier gesagt werden, der magische Weg führt nicht zum Erleben der Gottheit, er führt zum Erleben bestimmter Sphären und in höchster Erkenntnis respektive Vollendung auch zur Gotterkenntnis, während der mystische Pfad alle dunklen Sphären der Zwischenwelten überbrückt und vermeidet, um ebenfalls zur gleichen Gotterkenntnis zu gelangen.

Er hat dem weißmagischen Wege etwas voraus, er kann zu einem stärkeren Gottheitserleben führen auf Grund der Gottheitserkenntnis. Das kosmische Leben kann seelisch viel stärker erfühlt werden, als es je einem Magus möglich ist.

Dies ist auch ohne weiteres verständlich, denn der Mystiker arbeitet mit seinen seelischen Kräften und Empfindungen, während der Magus auf seinen Energie- und intellektuellen Kräften aufbaut. Es schließt aber natürlich nicht aus, dass ein geschulter, eingeweihter Mensch Mystiker und Magus zugleich sein kann, obwohl jeweils stets nur der eine Weg praktisch beschritten werden kann. Mystik und Magie praktisch zugleich betreiben ist nicht möglich, wohl aber periodenweises Abwechseln und Studieren der beiden Erkenntnisrichtungen.

In den Mysterienschulen der Antike wurde auch Magie gelehrt. Aber dafür muss der Schüler ebenso prädestiniert sein, wie mancher besonders zum Mystiker veranlagt ist.

Der Schüler hat weiter darauf zu achten, dass er seinen mystischen Weg, der letzten Endes doch auch ein Weg der Erkenntnis ist, absolut allem religiösem Beiwerk entkleidet. Er soll keine religiöse Mystik treiben, denn die esoterische Mystik hat nichts mit den üblichen Glaubenslehren der großen Religionen zu tun. Aus diesem Grund ist es nicht nötig, dass der Schüler irgendeiner Religionsgemeinschaft angehört, obwohl hier eine freie Entscheidung herrscht, wenn er vielleicht aus Zweckmäßigkeitsgründen oder mit Rücksicht auf Familie und Umwelt dies tun muss.

Er ist wohl längst davon überzeugt, dass ein innerliches Befriedigtsein nicht eintreten kann, wenn man wie es das Gros der Menschheit tut, an einem Sonntag zur Kirche geht, um sich für eine Woche von dem bezahlten Diener des Staates oder der Kirche religiös-seelisch auffüllen zu lassen.

Was ist nun dieser mystische Weg im esoterischen Sinn? Er ist die gesamte innere Arbeit zum Erwecken und Entfalten des Geistigen im Menschen und seiner Kräfte zur Bewusstwerdung seiner Unvergänglichkeit und Göttlichkeit, zum Erleben des kosmischen Bewusstseins. Es muss das Göttliche in uns erlebt werden. Dies ist das Ziel allen Menschendaseins.

Den göttlichen Funken in der Brust des Menschen zu erkennen, zu finden und anzufachen, damit er sich zur schöpferischen Tat entfaltet, um den Menschen vorwärts zu treiben auf die höchsten Gipfel des Menschentums ist das Ziel und die Absicht.

Eines soll der Schüler bedenken, alle Worte und Anweisungen eines Lehrers nützen nichts, wenn er nicht versteht, sie im eigenen Leben in Tat und Wirklichkeit umzuwandeln. Er soll nicht vergessen, dass die letzten Wege jeder allein gehen muss. Kein Heiliger, kein Eingeweihter, kein Führer kann auch nur einen Schritt für ihn tun. Wohl können Erleuchtete, Lehrer und Wissende Wegweiser sein.

Wie ist nun Mystik praktisch zu betreiben?

Die esoterische Lehre spricht von Konzentration, Meditation und Kontemplation, von welchen die letztere eine höhere Stufe darstellt. Diese drei Disziplinen müssen ineinander überfließen, das heißt sie entstehen auseinander.

1. Atemrhythmus
   Geistiges bewusstes Atmen, übergehend in Entspannung

2. Absolute Passivität des Körpers und des Geistes
   Erzielung eines gleichmäßigen inneren Rhythmus

3. Geistige Konzentration
   Sammlung des inneren Denkens, geistige Zielsetzung,
   Plastische Imagination

4. Kontemplation
   Vollständiges Aufgehen in das Ziel
   Ausschaltung alles Körperlichen, Geistigen und sinnesmäßigen
   Absolutes Einswerden mit dem Geschauten
   Verschmelzung, Verbindung, Einswerdung, Verinnerlichung

Ist dieser Zustand erreicht worden, dann ist gleichsam alles Menschliche vom Neophyten abgefallen die göttliche Flamme ist in ihm entfacht. Er ist in einem Stadium des vollständigen Entrücktseins und dadurch während dieses Zustandes absolut glücklich.

Wie lange dieser Zustand anhält, ist zeitlich nicht anzugeben, er hat keine zeitliche Begrenzung oder Einteilung. Naturgemäß geht er meist wie alle diese Praktiken, in einen gesunden Schlaf über, wenn nicht irgendwelche Störungen aus der Umwelt ihn unterbrechen. Dass solche Möglichkeiten nicht eintreten, dafür hat der Neophyt im eigenen Interesse zu sorgen.

Eines wird er immer finden, dass er nach seinem Wiedererwachen nicht nur geistig und seelisch gekräftigt ist, sondern dieses Erleben wird ihm auf lange Zeit zu einem Kraftquell werden. Das Geistig – Erreichte bedeutet immer eine weitere Stufe zur Reife und zur Erkenntnis und dient dadurch zur Ausgestaltung, zum Aufbau seines Selbstes.

Alle Weisen der Erde predigen die Notwendigkeit und den schöpferischen Wert einer kontemplativen Versenkung. Wenn sich der Schüler dessen bewusst wird, dass es im gesamten Dasein im All keinen absolut festen Punkt gibt, so muss er versuchen, wenigstens einen Ruhepunkt zu erreichen, in welchem die Spannungen aus ein Minimum reduziert werden, die das Dasein durchpulsen.

Was nun für den Schüler das Resultat dieses mystischen Pfades ist, kann ihm kein Lehrer sagen. Vergesse er nicht, dass sein eigenes Ich, sein Ego schon hunderttausend Jahre alt sein kann und das sich schließlich nach dem Alter des Ego auch der Reifegrad und das Ziel richten müssen, denn jedes Leben baut auf das Vorhergegangene nach dem Reinkarnationsgesetz weiter auf.

Worüber der Schüler während seiner praktischen Mystik meditiert, ist an und für sich gleichgültig und ihm selbst überlassen. Dieses gibt die indische Weisheitslehre sehr deutlich wieder, in dem sie die Mystik wie folgt in einzelne Bewusstseinsstufen klassifiziert:

1. Satipathana
   Meditation über die Ewigkeit und Unvergänglichkeit des Egos, über die Wandelbarkeit der Formen und über Karma und Reinkarnation.

2. Bhavana
   Meditation über die spirituellen Eigenschaften des menschlichen Geistes, über die seelischen Empfindungen, über hypnotische Ziele, über das Nichtsein der Materie.
3. Samadhi
   Dies ist der Zustand der reinsten und höchsten Form des kosmischen Bewusstseins.

Wenn nun bei diesen ausgeübten Praktiken der Mystik während der verschiedenen Zustände des Neophyten irgendwelche Erscheinungen eintreten, so sind diese hierbei ganz nebensächlich und nicht von Bedeutung.

Wenn der Schüler bei einer Praktik das Gefühl eines eintretenden Trancezustandes hat, er sich gewichts- und gefühllos empfindet, er sich über seinem eigenen Körper schweben sieht, so sind diese Spaltungs-zustände belanglos bei der mystischen Praxis, denn sie sind nicht das Ziel, sondern nur Begleitumstände. Für den Magus wären sie wichtig, aber nicht für den Mystiker. Sie deuten nur einen Durchgang durch andere Sphären an, auf ein Übergehen von einem Zustand in den anderen.

Viel wichtiger ist es, dass es dem Neophytn gelingt, nach Beendigung seiner mystischen Praktiken, sich ein möglichst reines und ungetrübtes Bild seiner mystischen Schauungen als Rückerinnerung ins Oberbewußtsein herbeirufen zu können. Aber selbst wenn dies nicht gelingen sollte, ist das Nachschwingen des erzeugten Glücksgefühls das hauptsächlichste Moment.

An das Erreichen darf der Schüler nun keine falsche Nutzanwendung für den Alltag knüpfen. Vor allen Dingen lasse er keine Einbildungen auf sich selbst, keine Überheblichkeit und vor allen Dingen keine Expansionsbedürfnisse aufkommen. Dazu ist er nicht berufen und sicher auch nicht reif. Er sei froh über das Erreichte.

Der Neophyt trinke von der Quelle seiner geistigen Kräfte, aber im Übrigen bewahre er über sich selbst und seine Arbeiten ein eisiges Stillschweigen seinen Mitmenschen gegenüber. Nicht umsonst wird in der Magie das Gebot der Schweigepflicht verlangt.
Es gab Schüler, die nach einigen Erfolgen weiter nichts zu tun hatten, als das Wenige, das sie erreicht hatten, nach Möglichkeit zu publizieren und zu verbreiten, teils sogar aus materiellen Gründen. Andere wiederum fühlten sich bereits zum Lehrer berufen und kauten das erhaltene geistige Wissen wieder. Aber alle diese armen und irrenden Menschen vergaßen die ersten Lektionen und dachten nie an das wahre Rosenkreuzertum.

Einer meiner Schüler ging wieder einen anderen Weg, indem er einen religiösen Größenwahn bekam. Er hielt sich selbst für den lieben Gott und vernachlässigte seine übrigen Lebenspflichten. Dabei vertraute er blindlings darauf, dass irgendeine göttliche Kraft ihm auch materiell aus seinem immer stärker werdenden Zusammenbruch helfen würde. Auch glaubte er fanatisch an seine Mitmenschen und an das Gute in diesen, seinen Brüdern.

Was für ein Irrwahn. Der Mensch ist im Prinzip nicht gut, sondern schlecht. Die Erde ist kein erlöster Planet, sondern steht noch unter saturnischer Herrschaft. Die Menschheit ist noch von dem Dämonium des Goldes und des Blutes besessen. Der Gott der Liebe existiert für die meisten Menschen nicht, sondern es herrscht hier auf Erden noch sein dämonischer Gegenspieler.

Gewiss kämpft die Menschheit den Kampf der Erlösung. Die Manifestationen der Gottheit, die sich im Sonnenlogos personifiziert, ist stetig bemüht, sich auszubreiten. Sie hat auch schon den Planeten Venus und Merkur erlöst, aber auf der Erde ist ihre Herrschaft noch sehr gering.

So gehe also der Schüler seinen vorgenommenen Pfad. Seine praktischen Meditationen und Kontemplationen werden immer Versuche sein, das kosmische Bewusstsein zu erlangen.

Alle Menschheitsführer und viele geistig erleuchtete Menschen aller Völker und Nationen erstreben das Gleiche: Die Unio mystica das Einswerden mit der Gottheit.

Mentale Zustände

Lautmagische Tonübungen dienen zur Erreichung eines mentales Zustandes, um die Chakra im Ätherkörper des Menschen in Funktion zu bringen. Der Neophyt vermag dann die einstrahlenden kosmischen Kraftquellen zu empfangen, wahrzunehmen und in sich zu verarbeiten. Gelingt ihm dies, so vermag er die kosmischen Schwingungen auch in sich zu transmutieren und bei entsprechender Schulung bewusst wieder auszustrahlen. Dadurch kann er nicht nur sich, sondern auch um sich Spannungskraftfelder erzeugen mit einer Wirkung auf seine Umwelt, auf Menschen und Tiere. Er vermag sogar auf Wesen der astralen Sphäre Einfluss zu gewinnen und kann einen Kontakt mit den soge-nannten Zwischenwesen (Gnomen, Zwerge, Elfen) erreichen.

Auch der Kontakt mit höheren Sphären kann vom Magus bewusst herbeigeführt werden durch bestimmte Praktiken, weißmagischer Art. Aber der reine Mystiker lehnt meist diese Wege ab, was auch richtig ist, denn auch zu einer ausgeübten weißen Magie gehört ein praktisches magisches Wissen, das durchaus nicht jeder Mystiker besitzt. Jedenfalls vermag der wissende Magus alle mentalen Erscheinungen sofort zu unterscheiden durch ihre Merkmale der Farb-, Licht- und Tonskalen, die ihm bekannt sind.

Es besteht die Möglichkeit auch für den nicht eingeweihten Mystiker, mit höheren mentalen Wesenheiten in gewollte oder nicht gewollte Verbindung zu kommen, wodurch er mehr oder weniger befruchtet werden kann im geistigen Sinne, wobei es aber wieder unterschiedlich ist, über welchen Reifezustand die erschienenen Wesen überhaupt verfügen und welcher Kategorie sie angehören.

Man kann in Verbindung mit Meistern oder Eingeweihten kommen, die auf der mentalen Rupa-Ebene schwingen. Die „weiße Bruderschaft" ist z.B. eine solche mental wahrzunehmende Verbindung wissender Menschen. Man kann auch die Reperkussion erhalten mit so genannten Astraldevas, den Engeln der Astralebene. Aber niemals ist eine solche Verbindung mit Devas der Devachan-Ebene oder Rupa-Ebene möglich, da diese Wesen sich in ihrem ätherischen Schwingungszustand nicht ohne weiteres manifestieren können. Einige Ausnahmen hat es auch hier bei besonders begnadeten Menschen gegeben, indem ihnen tatsächlich Devas der höheren Pläne sichtbar wurden. Diese Fälle sind in der esoterischen und okkulten Literatur überliefert. Aber meist bedienten sich höhere Mächte eines so genannten Zwischenträgers oder eines Gesandten, wie es in der Überlieferung heißt.

Aber es ist häufig übelster Mystizismus, besonders in theosophischen und katholischen Kreisen, wenn behauptet wird, direkte Verbindung mit den Erzengeln oder gar mit Gott bekommen zu haben. Eine sachgemäße magische Nachprüfung würde die Unhaltbarkeit solcher Behauptungen sofort beweisen. Es sind außerdem Fälle genug bekannt geworden, in denen sich astrale Dämonien geschickt und bewusst der Form und des Aussehens höherer Wesenheiten bedienten, um die nicht geschulten Menschen zu täuschen und in die Irre zu führen.

Auch einem Hellseher gelingt es sehr selten, direkt in die Kausalebene vorzustoßen, um in der Akashachronik lesen zu können. Ausnahmen waren möglich in den geheimen Priesterschulen der Antike oder durch Fakirpraktiken östlicher Völker. In Europa leben nur wenige Menschen, die diese hohe Einweihung besitzen und diese schweigen dann darüber.

Außerdem sind diese Zustände nie von Dauer, da sie vom menschlichen Gehirn gar nicht immer ertragen werden können.

Unter bewusster Leitung und nach sorgfältiger langjähriger Schulung kann natürlich der Neophyt auch diese Wege beschreiten, zumal wenn ihn keine egoistischen Motive dazu treiben, sondern nur ein inneres Sehnen nach „Gott“ und nach Erkenntnis.

Der esoterische Sinn des Lebens

Aus den Aufzeichnung von Rabbi Jehuda unter Überarbeitung von Meister Amenophis.

‘Wer mich kennt, nennt mich einen Chochem, einen Weisen. Mag wohl sein, dass ich ein Chochem bin, denn der Allmächtige, Adonai, hat gehört auf mein Flehen und erbarmend mein Suchen nach Wahrheit gesegnet. Dass es so geschehen ist, geschah aus Rachmonis, der Barmherzigkeit Jahves, denn all mein Studieren der Chochems, wie sie geschrieben sind im Sepher Jezirah, im Sepher Sohar und im Sepher Thehillin konnten mich nicht zu einem Weisen machen. Deshalb sei Dank Jahve, dem Gott meiner Väter, dem Gott Abrahams, Isaaks und Jakobs, dem großmächtigen Adonai!

Viele saßen zu meinen Füßen und hörten die Weisheiten, die aus meinem Munde flossen, nicht die Wahrheiten der Thora oder des Talmud, die jeder selbst lesen kann, sondern die Wahrheiten, die göttlich sind und die in keinem Buch verzeichnet sind. So höre denn, mein Sohn, der Du selbst ein Suchender bist, was ich Dir auf Deiner Wanderung von der Zeit in die Ewigkeit mitgeben will.

Du bist Ahasver, der ewig Suchende, der ewige Wanderer, der Mensch als Wanderer zwischen den Welten. Solange Du noch ein Profaner bist, rechnest Du Dein Leben von Deiner Geburt bis zu Deinem Tode und betrachtest das Leben als das Höchste und Einmalige, das es auszukosten gilt um jeden Preis.

Wer denkt schon daran, dass einer, der auf Erden geboren wird, nichts anderes ist, als ob er lebendig begraben wird. Der irdische Körper ist der Sarg, in den man hineingepresst wird, bis man dies vergisst und sich mit diesem Sarg vollständig identifiziert. Der Mensch hält den Körper, der bloß eine Umhüllung des Geistes ist, für den Inhalt, als ob es nichts anderes gäbe und wird sich auch nicht klar darüber, dass das irdische Leben nichts anderes ist, als das beständige und qualvolle Gebären eines in jeder Sekunde neu entstehenden Todes. Bedenke dies, mein Sohn!

Du hast einen Beruf erlernt, Du hast einen Handel, der Dir viel einbringt, und dieser Beruf dieser Handel ist Dein Lebensinhalt. Und sei Dein Beruf noch so gering, er wird geadelt, wenn dereinst der Geist ihn übernehmen kann. Eine Arbeit, die die Seele zu erheben sich weigert, ist nicht wert, dass sie der Leib vollbringt!

Armer Mensch! Ist Dein Beruf Deinem Geiste adäquat oder wird er ein Nichts sein, wenn Dein Leib abgelegt wird? Verhafte Dich nicht in einem Beruf, der kein geistiges Erbe vermittelt! Was bleibt von Deinem Beruf übrig, wenn Du diese Ebene verlässt? Du magst ein großer Wirtschaftler gewesen sein, ein Politiker, der die Menschen und die Situationen beherrschte, ein Gewaltiger, dem Tausende Arbeiter unterstanden und dergleichen mehr und nichts war für die Ewigkeit. Nackt und bloß stehst Du da in der anderen Welt, ein Nichts unter vielen Nichtsen, die hier Deine Untergebenen, Deine Diener waren oder Menschen, die Du verachtet hattest.

Bedenke das gut und versuche Dein Leben danach einzurichten. Aber vielleicht denkst Du, dass es ja das Schicksal ist, welches Dich so werden ließ und wenn es Dir schlecht geht, stellst Du die ewig dumme Frage: „Warum?“ und bekommst Du keine Antwort darauf, dann fluchst Du Deinem Schicksal oder Gott.

Aber beklage Dich nicht über Dein Schicksal! Weißt Du denn, ob Du diesen, vielleicht nur 70 jährigen qualvollen Traum, Erdenleben genannt, nicht selbst erwählt hast, in der Hoffnung bei Deinem Erwachen aus diesem Zustand etwas weitaus Herrlicheres dort drüben zu finden? Wenn Du jedoch einen Gott mit unerforschlichen Ratschlüssen als

Ursache dafür setzt, wie die Konfessionen es in ihrer geistigen Armut lehren, dann sieh zu, dass Dir nicht eines Tages ein hämischer Teufel entgegengrinst.

Wir leben allein um der Vollendung unserer Seele willen! Wenn Du Dir dieses Ziel immer vor Augen halst und ständig daran denkst und auch so fühlst, wenn Du etwas beschließt oder beginnst, dann wirst Du bald eine seltsame und ungekannte Gelassenheit in Dir feststellen und auf eine unbegreifliche Weise wird sich Dein Schicksal ändern. Das ist die eine Seite des Erfolges und zwar die weniger wichtige.

Wenn Du aber arbeitest, als ob Du unsterblich wärst, nicht um der Sache willen, nach der Dein Wünschen geht, sondern um des Tempelbaues Deiner Seele willen, dann wirst Du dereinst einen Tag erleben, und wenn es bis dahin auch 1000 Jahre dauern sollte, da alles geschieht, was Du befiehlst.

Doch noch lebst Du auf diesem Planeten des Leides und es bleibt Dir nichts erspart, weil Du am Leid geistig erstarken sollst. Dazu dienen auch die Krankheiten, die dich getroffen haben oder noch treffen werden.

Bist Du krank, hast Du den natürlichen Wunsch, wieder gesund zu werden. Solange Du allein Deine Zuflucht in ärztlicher Hilfe und in Arzneien suchst, vergisst Du ganz, dass es nicht diese Dinge sind, die Dich gesund machen. Aber Du lähmst dadurch die Kraft Deines Geistes, der besser und schneller heilt, als jede Medizin. Ein solcher Mensch ist zu vergleichen mit jemand, der das Schreiben mit der linken Hand erlernen will, sich aber dazu doch nur der rechten bedient. So wird man es nie lernen!

Es gibt kein Geschehen im Leben, das zweck- oder sinnlos wäre. Eine Krankheit will Dir eine Aufgabe stellen. Du sollst sie mit der Kraft Deines Geistes vertreiben, damit diese Kraft erstarke und wieder Herr über die Stofflichkeit werde. Was ist der stoffliche Körper denn anderes als verdichteter und geronnener Geist!

Willst Du aber nicht so handeln, dann hast Du den Sinn und die Aufgabe Deines Lebens nicht erfasst und bleibst ein verdorrter Feigenbaum, der keine Früchte trägt. Dieser aber wird abgehauen und kommt in den Ofen. Handelst Du aber nach meinen Worten und Dein Wille erlahmt nicht im Befehle geben durch den Geist, dann wirst Du auch immer wieder auferstehen.

Hattest Du ein Werk begonnen und lässt es halb getan liegen, fällt es der Verwesung anheim und vergiftet Deinen Willen, wie eine unbegrabene Leiche die Luft verpestet.

Viele Menschen fangen wieder zu beten an, wenn sie in Not sind. Aber sie wissen nicht, wie man zu beten hat. Wer sollte es sie auch lehren? In den Kirchen kommt es ja nur darauf an, dass gebetet wird, nicht aber wie! So bleibt es im Grunde genommen ein Dahinplappern eingelernter Texte, mit demselben Erfolg, wie es die Gebetsmühlen tun.

Man betet nicht mit Worten, denn das ist Bettelei! Man betet mit den Händen! Du brauchst nicht zu betteln, denn der Geist weiß besser als Du, was Du im Augenblick notwendig hast. Aber bete richtig! Dann ist die Linke im Menschen durch das Rechte zur Kette geschlossen. Aus Deinen Fingerspitzen, die nach oben stehen, steigt eine Flamme auf. Das ist das technische Geheimnis des Betens.

Sieh Dir das Bild „Betende Hände“ von Dürer an! Du hast vielleicht schon hier und da die Redewendung gehört: „Dein Wort in Gottes Ohr!“ Das gebrauchen häufiger die Juden als die Christen und damit wird ein neues Geheimnis berührt. Die Hauptsache ist nämlich, dass Dein Gebet in Gottes Ohr dringt. Wenn der Pfeil trifft, ist Dein Gebet erhört. Wenn er aber nicht trifft, und das dürfte bei allen Gebeten, die an Gott gerichtet werden, zu wenigstens 99 Prozent der Fall sein, dann fällt der Pfeil wieder herab, trifft manchmal noch etwas Falsches, fällt auf die Erde zurück wie Onans Samen, oder wird abgefangen von dem

„Anderen“, dem, der immer zwischen Oben und Unten wacht, vom Engel Metatron, dem Herrn der tausend Gesichter.

Nimm das Leben weniger wichtig und dafür Deine Träume ernster, dann kann Dir der Traum zum Führer werden. Träumen lernen ist der Weisheit erste Stufe. Deine Klugheit stammt aus Deinem Wachbewusstsein, die Weisheit aber aus dem Traum. Im Wachbewusstsein bedienst Du dich der Worte und Sprache, die Sprache des Traumes aber sind Bilder und im Schlaftraum sind Bilder immer gleichnishaft.

Die meisten Menschen können heute nicht mehr träumen, weil ihr Traumbewusstsein nicht gepflegt wird und dadurch verkrüppelt. Man lehrt ja auch schon früh den Menschen: „Träume sind Schäume!“ und untergräbt dadurch schon beim Kind den Glauben an ein anderes Bewusstsein. Und doch entspringen dem Traumerlebnis oft die wahren Künste und so manche Erfindung.

„Man kann sich selbst „drüben“ meist nicht sehen. Woran liegt das? Das liegt daran, dass man die Erinnerung an die Formen des irdischen Körpers nicht mit hinüber genommen hat auf die Traumebene. Wenn Du das aber kannst, dann wirst Du „drüben“ zuerst für Dich sichtbar, d.h., Du baust Dir Deinen Doppelgänger, der später auch für andere wahrnehmbar wird.

Du sagtest, dass Du im Traum mit Deinen Verstorbenen zusammen warst, doch haben sie Dich nicht angesehen, weil sie Dich nicht wahrnehmen konnten. Wenn Du zu ihnen sprachst, war ein Mittler zugegen, der den Sinn Deiner Worte ihnen übermittelte. Nun hast Du des Rätsels Lösung. Man muss erst drüben sichtbar und bleibend werden. Das muss erreicht werden. Es gibt schon Menschen, die nicht mehr hier die Augen schließen müssen, um sie drüben zu öffnen.

Du hast schon das Wort „Astralwallen“ gehört. Der Profane kann sich nichts darunter vorstellen, denn für ihn gibt es allein diese Erde und alles andere ist leerer Raum und Unwirklichkeit. Es gibt aber keinen leeren Raum! Dieses Geheimnis muss jeder selbst enthüllen, der ein unsterbliches Bewusstsein erlangen will.

Das Reich drüben ist genau so wirklich oder unwirklich, wie das irdische. Jedes ist nur eine Hälfte, beide zusammen ergeben erst die Ganzheit. Das irdische Reich ist wahrlich nur eine Spiegelung von drüben. Was drüben rechts ist, ist hier links. Schau in den Spiegel und überlege Dir, welche Magie damit zusammenhängt.

Wer aber all dieses erkannt hat und nun „wandern" will, dem hält die Erde die Füße fest. Wenn aber Dein Wille fest ist und nicht erlahmt, dann wird Dein schöpferischer Geist Wege finden, auf denen Du trotz Behinderung über die Erde wandern kannst, ohne dazu der Füße zu bedürfen. Denn Dein schöpferischer Wille ist Dein göttliches Erbteil und angewandt wirkt er wie eine saugende Kraft. Dieses Ansaugen würde im Raum der Ursachen (Akasha) ein Vakuum erzeugen, wenn sich nicht schließlich Dein Wille erfüllen würde.

Es ist gut, auf der „weisen" Landstraße zu wandern, denn diese führt in die Unendlichkeit. Die Menschen glauben, Unendlichkeit und Ewigkeit wären dasselbe. Es ist jedoch nicht dasselbe, nur für den, der nicht in der Unendlichkeit die Ewigkeit sucht, für den allein, ist Unendlichkeit und Ewigkeit dasselbe.

Wer auf der „weisen" Landstraße wandern will, muss es um des Wanderns willen tun. Diese Entscheidung ist ausschlaggebend! Wer die Ruhe sucht, den zieht es zur Sonne, in der allein Ruhe zu finden ist. Und wer die Ruhe sucht will nur die Ewigkeit und ist für das Wandern verloren. Das sind die Heiligen, denn diese gehen ein in die Ruhe, die Sonne, das Nirvana; sie sind dieser und auch der anderen Welt verloren und dadurch keine Mitarbeiter mehr am Opus Magnum.

Was willst Du sein? Ein heiliger Zuschauer oder ein Wanderer und Werktätiger?

Danach aber sind die Heiligen arm an Erkenntnis dem Werktätigen gegenüber. Du wirst nun fragen, wie man das macht. Ich will Dir zunächst ein Gleichnis sagen. Du kennst den Holunderbaum, den man auch als magischen Baum bezeichnet, nicht nur deshalb, weil man seine hohlen Äste zu magischen Stäben gebraucht. Holunder ist der Baum des Lebens im Paradies! Stecke ihn verkehrt in die Erde, den Wipfel als Wurzel und er wird wieder Wurzeln treiben und einen neuen Wipfel aus den Wurzeln. Seine Zellen sind durchdrungen von der Gemeinsamkeit des Ich und Du. Die adäquate Pflanze, die Unsterblichkeitspflanze, verheißt Erwecken des geistigen Atems und Lebendigmachen der Glieder. Die Füße sind das Fundament, auf dem das Haus ruht. Hier ist die Wurzel, die dich mit der Erde verbindet .

Denke daran, dass der irdische Leib nichts anderes ist als erstarrter Geist und der Leib sich löst, wenn der Geist zu erwachen beginnt. Deshalb begleite das Werk Deiner Hände (auch das Geringste) mit dem unablässigen Gedanken: „*Ich tue es zu dem einzigen Zweck, dass das Geistige in mir bewusst zu atmen beginne.*"

Wie der Geist die eingeatmete irdische Luft geheimnisvoll verwandelt, so webt der Geist mit seinem Atem den Mantel der Vollendung und so durchdringt er allmählich auch alle Glieder. Dann kannst Du den Atemstrom lenken, wie Du willst.

Wenn Du die rechte Hand mit dem Atem erwecken willst, so gebrauche dazu die zwei Laute: I und A (Ignis = Feuer und Aqua = Wasser). Trifft Dein Hauch den Zeigefinger, dann wird er starr und gleicht dem Buchstaben I. Man sagt, es kalziniert der Knochen.

Wenn der Hauch den Daumen trifft, wird auch dieser starr und spreizt sich ab. Er bildet dann mit dem Zeigefinger den Buchstaben A. Dann gehen hiervon Ströme lebendigen Wassers aus. Legst Du die wachgewordene Hand an den Hals, so strömt das lebendige Wasser in den Körper hinein.

Wie alle Formen, sind auch die Glieder nur Sinnbilder für geistige Begriffe. Die rechte Hand ist das Symbol für handeln, wirken und tun. Wird nun die Hand lebendig, so heißt dies, dass man „drüben“ ein „Schaffender“ geworden ist, wo man früher nur ein „Schläfer“ war. Sieh Dir einmal das „Abendmahl“ von Leonardo da Vinci an! Bei jedem Jünger ist durch symbolische Hand- und Fingerstellung die Mission angedeutet und bei allen ist die rechte Hand in Tätigkeit. Bei Judas Ischariot allein agiert die linke Hand. Fingerstellungen (Mudras) bergen die tiefsten Mysterien der Religionen.

Wie die Form beschaffen ist, so äußert sich auch der Geist. Beständig meißelt er daran, das Schicksal als Werkzeug zu gebrauchen. Je starrer jedoch die Form ist, umso unvollkommener ist auch die Art der Offenbarung. Je willfähiger und feiner die Form wird, desto mannigfaltiger gibt sich der Geist kund. Der Allgeist allein ist es, der verwandelt und die Glieder vergeistigt. Die Formveränderung wird aber für das Auge erst sichtbar, wenn der alchemistische Prozess sich seinem Ende nähert.

In den elektro-magnetischen Strömen, die das Achsensystem des Körpers bestimmen, nimmt die Veränderung ihren Anfang. Die Denkart, die Neigungen und Triebe wandeln sich zuerst. Ihnen folgt eine Wandlung der Handlungen und damit auch die Verwandlung der Form, bis diese zum Auferstehungsleib des Evangeliums wird. Es ist, wie wenn eine Statue aus Eis von innen heraus zu schmelzen beginnt. Der verborgene Weg zur Wiedergeburt im Geiste, von dem die Bibel schreibt, ist eine Verwandlung des Körpers und nicht des Geistes, denn Körper ist geronnener Geist!

Du hast gesehen, dass die ganze Form und alle Glieder sprechen. Deshalb halte Dich fern von müßigen Unterhaltungen und unfruchtbaren Diskussionen. Das einzige Gespräch, aus dem Du lernen kannst, ist das Selbstgespräch. Denn alles kommt aus Dir selber. Oder glaubst Du, dass Du allein etwas in den Schulen lernen kannst, in diesen

Hexenküchen, in denen der Verstand solange verbildet wird, bis das Herz verdurstet ist. Und glaubst Du, dass sich die Seele, zu solch einem Zweck diesen komplizierten Apparat, Menschenleib genannt, geschaffen hat?
Das richtige Sprechen im geistigen Sinne, ist soviel wie „erschaffen". Es ist ein magisches „in Erscheinung rufen". Geistiges Schreiben bedeutet ein „Einmeißeln in das Gedächtnis der Ewigkeit", während Lesen, die großen unwandelbaren Gesetze zu erkennen und danach zu handeln bedeutet. Wenn Du das gelernt hast, dann wirst Du über allem Leid stehen.

Man kann einem Leid nicht ausweichen, solange man noch kein „Gelöster" ist. Traurig ist nicht, dass viele Menschen leiden, traurig ist nur, dass ihr Leiden in höherem Sinn zwecklos ist. Dadurch wird das Leid erst zur Strafe für einst begangene Taten.

Diesem grauenvollen Gesetz von Lohn und Strafe kann man nur entrinnen, wenn alles Geschehen mit dem Gedanken hingenommen wird, dass es allein zu dem Zweck geschieht, unser geistiges Leben zu erwecken. Alles was Du tust, soll unter diesem Gesichtspunkt getan werden. Die geistige Einstellung ist alles, die Tat allein nichts. Ein Leid wird sinnvoll und fruchtbringend, wenn Du es mit solchen Augen ansiehst. Glaube mir, Du wirst es dann nicht nur leichter ertragen können, es wird auch schneller vorübergehen und unter Umständen sich sogar ins Gegenteil wandeln.

Es sind also nicht nur innere Wandlungen. Auch im Irdischen wendet sich das Schicksal oft auf seltsame Art. Der Profane lacht darüber, aber worüber lacht er nicht!

Das größte Leid, das große Malum, aber ist für den Menschen der Tod. Wir sehen ihn nicht, denn er wohnt ja in uns, er höhlt uns von innen her aus, wie ein Wurm, der an uns nagt. Wer aber den Tod aufgestöbert hat in seinem Innern, der kann ihn sehen, denn er wird zum Gegenstand und stellt sich dem Menschen entgegen. Hierdurch tritt eine fremdartige Kälte des Herzens und der Sinne ein. Man nennt diesen Zustand in der Mystik „die Umstellung der Lichter".

Der Geschlechtstrieb ist die Wurzel des Todes. Ihn auszutilgen ist das vergebliche Bemühen aller Asketen. Diese wollen das magische Kaltsein erringen, ohne das es kein Übermenschentum gibt und sie fliehen vor dem Weib. Und doch ist es allein das Weib, das Hilfe bringen kann. Das Weibliche hier auf Erden vom Manne getrennt, muss in ihn eingehen, muss sich mit ihm verschmelzen, wie es beim Koitus im Augenblick des höchsten Lustempfindens auf natürliche Weise vor sich geht. Dann ist alle Sehnsucht des Fleisches gestillt.

Wenn diese beiden Pole einander decken, dann ist die Ehe, der Ring geschlossen. Dann ist die Kälte da, die die Gesetze der Erde bricht, die nicht der Gegensatz der Wärme ist, sondern die jenseits von Frost und Hitze liegt.

Kalt werden müssen alle Menschen, aber bei den meisten bringt es das Leben nicht zustande und der Tod muss es besorgen. Sterben und Sterben ist nicht dasselbe. Bei manchen stirbt in der Todesstunde soviel, dass man sagen kann, es ist überhaupt nichts mehr da. Von einigen bleiben nur die Werke übrig, die sie auf Erden vollbracht haben, ihr Ruhm und ihre Verdienste leben eine Zeit lang weiter und in gewissem Sinne sogar ihre Gestalt, denn man stellt ihnen Standbilder auf.

Gut oder böse spielen dabei keine Rolle. Nero oder Napoleon, Goethe oder Einstein haben ihre Denkmäler. Es kommt nur auf das Besondere an, auf das Einmalige. Von manchen Menschen, die auf grässliche Weise umkamen oder ermordet wurden, hat die magnetische Sphäre des Ortes sogar die Ebenbilder und Vorgänge aufbewahrt.

Die Sterbestunde ist der Moment einer Katastrophe, in der alles wie in einem Sturmwind fortgerissen wird, was im Menschen zu Lebzeiten nicht zermürbt werden konnte. Wenn der Körper noch zu viele Elemente enthält, die alchemistisch nicht verwandelt werden konnten, dann stirbt man so und nicht anders.

Hast Du aber zu Deinen Lebzeiten den Tod erkannt, dann spiegelt er sich auch in Dir wieder. Wer nun das Medusenhaupt in Dir sieht, der muss „sterben“ und wer es fühlt, entsetzt sich. Deshalb gilt für einen solchen Menschen, für den der Tod gegenständlich geworden ist, eine Klausur von 8 Tagen, damit er nicht unschuldig schuldig wird am Tod von anderen, denen dies noch nicht bestimmt ist.

Was sind nun Tod und der Teufel? Sie sind das große Malum. Du sollst den Teufel erkennen, wie Du die tödliche Kraft des Nordwinds kennst. Und die Kälte läuft dem Warmen nach, denn sie will selber warm werden. Der Teufel will zu Gott kommen, der eisige Tod zum Feuer des Lebens. Das ist die ewige Wanderung.

Und was ist Gott? Er ist das Warme, das Feuer des Lebens und das Licht, das aus dem Feuer geboren wurde. Wärme ist auch Liebe und im Grunde genommen ist alles ein und dasselbe. Gott, oder anders ausgedrückt: Liebe, Licht und Leben!

Du besitzt Dein Leben und auch das Licht leuchtet Dir, entweder als Sonne oder vielleicht auch schon als geistige Sonne. Aber besitzt Du auch die Liebe, die zwangsläufig zur Trinität gehört?

Dein Körper wurde durch Liebe gezeugt und ein Funken der Liebe ging in Dich ein durch die Vererbung der Zellen bei Deiner Zeugung. Das ist die materielle Seite. Die individuelle Seite aber, das heißt, wie sich die Zellen um einen Mittelpunkt herum kristallisieren, vererbt sich nicht plötzlich und auch nicht bei der Zeugung, sondern nur ganz allmählich.

Es gibt ein astrales Wandern der Zellen von einem Leib in einen andern und was man so recht von Herzen liebt, dem drückt man auch den Stempel des eigenen Wesens auf. Liebe ist die größte Kraft im All, sie ist die primäre Kraft, denn aus ihrer Wärme entsteht das Feuer und aus diesem das Leben.

Je inniger zwei Mensch einander lieben, desto mehr Zellen tauschen sie astral aus und desto enger verschmelzen sie miteinander. Deshalb sehen sich Eheleute im vorgerückten Alter oftmals ähnlich. Sogar Lieblingstiere erhalten mit der Zeit eine gewisse Ähnlichkeit mit ihrem Herrn und auch Haustiere profitieren durch das innige Zusammenleben mit dem Menschen an diesem Zellentausch, in guter wie in schlechter Weise.

Das Ziel, zu dem dieses Gesetz hinführt, mag erst in Milliarden Jahren erreicht werden, zu dem Idealzustand, wo die gesamte Menschheit ein einziges Wesen geworden ist, zusammengesetzt aus unzähligen Individuen. So ist das Wort des Evangeliums zu verstehen, „dass dereinst wird sein eine Herde und ein Hirte."

Aber vergiss nie, dass die zerstörerischen Kräfte und Mächte an der Arbeit sind, um dieses Ziel solange wie möglich hinauszuschieben! Wo Eitelkeit und Machtgier in einem Herzen wohnen, da sind sie zur Hand und fachen diesen trüben Funken zum hellen Feuer an und solch ein Mensch glaubt dann, in selbstloser Liebe für seinen Nächsten entbrannt zu sein und geht hin und predigt das Höchste, ohne berufen zu sein, ein blinder Führer, der mit den Lahmen in die Grube stürzt.

Die negativen Kräfte wissen gar wohl, dass des Menschen Herzen böse ist und dass darin keine Liebe wohnen kann, es sei denn, sie wäre geschenkt von den guten Kräften. Das Negativum sagt auch zu Dir: „Liebet euch untereinander!". Aber es speit Dir die Worte ins Ohr wie Gift! Unheil, Verzweifelung, Mord, Krieg und Verwüstung sind die Folgen dieser „Liebe" im Namen Gottes. Die Wahrheit ist verkehrt in gleichnishafter abgrundtiefer Lüge!

Wo die negativen Kräfte merken, dass sich ein Kristall symmetrisch

als Ebenbild Gottes zu bilden beginnt, bieten sie alles auf, um ihn wieder zu zertrümmern. Keine hohe Lehre ist ihnen zu fein, als das sie diese nicht umstellten und das Gegenteil daraus machten. Habsucht bemänteln sie mit dem Wort „Pflicht“, Neid mit „Ehrgeiz“ usw.
Solche Gedanken flößen sie dem Suchenden und Sterblichen ein. Die eigene Arbeit, die allein des Vollbringens Wert ist, ist die Arbeit am eigenen Selbst. Sie nennen sie aber „Selbstsucht“ Denn was sie zerstören wollen, ist das höchste Gut, das ein Menschenwesen erringen kann: „Das ewige Bewusstsein als Persönlichkeit“

Esoterische Einweihung

War Esoterik nicht zu allen Zeiten dasselbe? War es ein Wissen, nur für Eingeweihte bestimmt und um es vor den Profanen verborgen zu halten? Wenn wir die alten Kulturen mit ihren Mysterien ins Auge fassen, deren Macht und Größe ganz auf dem esoterischen Geheimnis ihrer Tempel beruhte, deren Weisheiten nur von Mund zu Ohr weitergegeben werden durften, damit diese nicht missbraucht werden konnten, so hätte man mit dieser Aussage wohl recht.

„Procul hinc profane" (= Das Profane sei ferne von hier) stand unsichtbar über dem Zutritt in das esoterische Tempelheiligtum und schied es von dem exoterischen Vorhof.

Man muss sich fragen, welches wohl der wahre Sinn der Geheimhaltung war, ob der moderne Mensch damit Recht hat, dass die Priesterkaste nur bestrebt war, ihre Macht gegenüber dem Volk zu wahren, oder ob in Wirklichkeit doch andere Gründe dafür sprachen.

Es ist bekannt, dass das Beschreiten des Yoga-Weges durch den Chela (Schüler) noch heute in Indien durch einen Guru beaufsichtigt wird, da er gewisse Gefahren in sich birgt. Ebenso hat es sich mit der Geistesschulung in den alten Tempelmysterien verhalten. Der Novize konnte allein im Tempelschatten und unter der Obhut seines Hierophanten die Übungen vornehmen, die tiefe Eingriffe in das Körpergefüge bewirkten. Jeder Fehltritt konnte den Tod des Schülers veranlassen. Und wie viel mehr mussten solche Übungen den Profanen außerhalb der Tempelmauern in Gefahr bringen, wo die esoterische

Wahrheit wie ein zerstörendes Gift wirkte. Deshalb hatten auch die Priester Vorkehrungen getroffen, dass jedes frevelhafte Betreten des Tempelinnern mit dem Tode bestraft wurde, indem sie magische „Kylichore“ dazu benutzten. (siehe Bardon, Der Weg zum wahren Adepten, Seite 143.). So ist die Erzählung von dem Jüngling, der frevelhaft den Schleier vom Bild des ISIS zu SAIS lüftete und den Versuch mit dem Leben bezahlen musste, nicht nur eine Legende.

Mit ähnlichen magischen Praktiken wussten die ägyptischen Priester auch ihre Königsmumien zu schützen und noch heute stehen die profanen Wissenschaftler vor dem Rätsel des plötzlichen Todes einiger Archäologen, obwohl sie sich einige plausible Erklärungen dafür zurecht gemacht haben. So ging Tage durch die Presse die Mitteilung von dem rätselhaften Selbstmord eines Archäologen in Ägypten, der einen Königssarkophag ausgegraben hatte, der völlig leer war. Es handelte sich dabei, wie auch von den Ägyptologen vermutet wurde, um ein Begräbnis des „KA“, der Seele des Pharao.

Außer diesen magischen Mitteln schützten die alten Ägypter die hohen Geheimnisse durch ein strenges umfassendes Schweigegebot. Wenn man sich heute fragt, worin denn diese hohen Wahrheiten bestanden, so kann der moderne Mensch über manches mit einem Lächeln hinweggehen. Was damals z.B. eine hohe esoterische Wahrheit bedeutete, nämlich dass sich die Erde um die Sonne bewegt, lernt heute jedes Kind schon in der Schule. Aber selbst Luther konnte noch nicht das kopernikanische Weltsystem mit der Bibel in Einklang bringen. Es kommt also nicht auf das „WAS“ einer esoterischen Wahrheit an, sondern auf das „WIE.“

Eine gefährliche Wahrheit in den griechischen Mysterien bedeutete die Anschauung von der Bestimmung des Menschen als den „GOTT in der SEELE“ zu erwecken. Sokrates, obwohl kein Eingeweihter in die Mysterien, musste wegen Profanierung dieses esoterischen Geheimnisses den Giftbecher trinken, wenn er auch infolge seiner eigenen erwachten Intelligenz zu dieser streng behüteten Wahrheit durchbrach.

Natürlich bestand damals und besteht auch heute nicht in dieser Erkenntnis eine große Gefahr für den nicht vorbereiteten Menschen. Arroganz, Hochmut und Schwärmerei wären die Folgen, die der menschlichen Seele unter solchen Umständen das Fundament unter den Füssen fortzögen.

War es nicht dieselbe Wahrheit, die Jesus v. Nazareth. dem ganzen Volke offenbarte: „Steht nicht in euerm Gesetz geschrieben: „Ihr seid Götter !-" (Joh. Evgl. 10,34) War die Erweckung, des Lazarus aus seinem Mysterienschlaf vor allem Volke nicht eine Profanierung streng gehüteten Mysteriengeheimnisses, wofür er sich bei den Obersten unbeliebt machte und diese beschlossen, ihn umzubringen!

Das Erwachen zum menschlichen ICH-Bewusstsein, die volle Individuation, die zum selbständigen Denken führt, brachte eine Umwertung aller Werte mit sich. Was einst nur aus dem Munde des Hohenpriesters erklang: Eje asher eje = ICH bin, der ICH bin, zog als Kraft des göttlichen ICH in die Menschheit ein. Der Vorhang, der das Allerheiligste im Tempel gegenüber dem Vorhof abschloss, zerriss.

Die bewusste Menschheit kann nicht mehr durch Priestermagie gelenkt werden. Die Geschichte des Abendlandes spiegelt den Weg der fortschreitenden Selbstverwirklichung des Menschen-Geistes wider. Der Führungsanspruch der Priesterkönigs-Hierarchien ging mit der französischen Revolution zu Ende. Goethe, Schiller, Fichte, Novalis, nur um einige zu nennen, bringen in ihren Werken einen Blütenstrauß esoterischer Wahrheiten.

Wenn auch die noch heute vorhandenen retardierenden Mächte und Gesellschaften ihre Führung beanspruchen mögen, um die Menschheit noch fernerhin in Unmündigkeit zu erhalten, so ist die Selbstverwirklichung des Menschengeistes nicht mehr aufzuhalten.

Die alte Streitfrage, die schon Alexander seinem Lehrer Aristoteles gegenüber aufwarf, ob dessen esoterische Lehren veröffentlicht werden dürfen oder nicht, und die noch bis in die heutigen Tage akut ist, ist in Wirklichkeit gegenstandslos geworden.

Seit Christian Rosencreutz ist das Denken das Werkzeug für die Erschließung höherer Wahrheiten geworden und gleichzeitig auch das „versiegelte Instrument" zum Eindringen in esoterische Tempelbezirke im Gegensatz zu den vergangenen Kulturen, da die Schulung nicht vom Geist ausging, sondern durch leibliche Verrichtungen. Wer das nicht einsieht, bleibt auch weiter im Vorhof stehen und mag man ihn auch einen graduierten Eingeweihten nennen.

Es ist heute letztlich nur eine Frage der menschlichen Reife, die dem Menschen ICH durch das Denken die Pforten zur Esoterik aufschließt oder versperrt. Jedoch auch in dieser „Abendländischen Esoterik" kommt es nicht auf das „WAS" sondern auf das „WIE" an. Auch hier gibt es Gefahren, auf die man achten muss, um sie zu vermeiden. Das ist in erster Linie ein Abgehen von der Denkdisziplin und zweitens mangelnde Willenskraft.

Wer höhere Wahrheiten nicht mit seinem wachen Denken verarbeitet, d.h. diese einfach hinnimmt ohne sie erkenntnismäßig zu verdauen, kommt in die Gefahr, sich im Nebelhaften zu verlieren und verliert dadurch sein seelisches Gleichgewicht.

Stellen wir nun die Frage, inwieweit es vertretbar ist, esoterische Wahrheiten der Öffentlichkeit bekannt zugeben, so gibt es dafür eine einfache „goldene Regel": Sie muss durch das vorurteilslose Denken verstanden werden können und sich logisch aus dem ganzen Zusammenhang ergeben. Zum höheren Schulungsweg in der abendländischen Esoterik gehören unter anderem die Kontemplation, die Meditation und die Imagination.

Die Imagination könnte man als die 1. Stufe auf dem Erkenntnisweg bezeichnen, denn das Wort weist auf die Bildhaftigkeit (imago - Bild) hin. Soweit eine Bildhaftigkeit willensmäßig angestrebt wird und vom bewussten Denken ausgeht, ist die Imagination die Vorstufe für die Meditation und Kontemplation. Es gibt aber noch eine zweite Seite der Imagination, das unwillkürlichen Erscheinen geistiger Bilder, worauf im Laufe der Abhandlung noch zurückgekommen werden wird.

Die Kontemplation hat mit der Meditation zunächst die Erzeugung willensmäßiger Vorstellungsbilder gemeinsam. Ob dazu konkrete Bilder oder Symbole verwandt werden oder abstrakte Gedankeninhalte und Mantras, spielt keine Rolle. Das Wesen der Kontemplation wird am ehesten dadurch gekennzeichnet, dass diese bei den Vorstellungsbildern stehen bleibt und mehr ein gefühlsmäßiges Erleben geistiger oder religiöser Wahrheiten erlangt wird. Demzufolge ist der Erfolg mehr in einer moralischen Vervollkommnung zu sehen.

Die Meditation beginnt gleichfalls mit gedanklichen Betrachtungen und Vorstellungsbildern. Diese werden dann aber fallen gelassen, um den eigentlichen Inhalt der Meditation- völlig frei von allen Reflexionen, - in der Seele anwesend sein zu lassen.

Es handelt sich nicht um das Erkennen, was in dem Gedankeninhalt liegt, sondern um das Erleben. Wenn der Meditationsinhalt einmal mit genügender Überzeugungskraft in der Seele gegenwärtig war, ist er erkannt. Um jedoch hieraus die Früchte zu pflücken, die im Verstehen der Geisteswelt und ihrer Tatsachen liegen, muss der Gedankeninhalt durch wiederholtes sich Konzentrieren darauf in der Seele immer wieder aufs Neue belebt werden.

Unter Ausschluss aller andern Gedanken, Empfindungen und Erinnerungen zieht die wiederholte Konzentration auf den Gedanken, das Vorstellungsbild, in der Seele Kräfte zusammen, die sonst zerstreut oder latent existieren. Die zusammengeballten Kräfte aber werden Wahrnehmungsorgane für die geistige Welt.

Um noch einmal zusammenzufassen: Zunächst arbeitet man sich durch einen Gedanken, eine Vorstellung, mit den normalen Erkenntnismitteln hindurch, danach versenkt man sich wiederholt in sie bis man selbst eins mit dieser Vorstellung geworden ist.

Selbst wenn man einen Gedankeninhalt wählt, der sich von unserer Logik nicht durchschauen lässt, wird man auf diese Weise die geistige Erkenntnis dafür erlangen.

Bei dieser Gelegenheit soll auf eine Verstärkungsmöglichkeit hingewiesen werden, die dem allein intellektuellen Menschen ein Buch mit sieben Siegeln ist. Es ist das Reich der Lautsprache mit seinen unbegrenzten Erlebnismöglichkeiten. Sofern der Gedankeninhalt durch Laut und Rhythmus unterstützt wird, ist ein Mantram entstanden, in dem spirituelle Kräfte verborgen liegen, die eine Verstärkung der Seelenkräfte hervorrufen. So öffnet z.B. - A - die Wachsamkeit der Seele, das -I - festigt die Ichkräfte, das - O - weitet zu umfassender Liebe, das - U - lässt in die Urtiefen des eigenen Wesens und des Urgrundes tauchen und das - E - schmiedet die Erkenntniskräfte. Ebenso sind die Konsonanten von plastischer Kraft und Bedeutung.

Es ist verständlich, dass man sich zur erfolgreichen inneren Versenkung absondern muss von allem, was störend wirken könnte. Danach aber soll man gestärkt wieder ins tägliche Leben zurückkehren, um den Anforderungen des Lebens besser gewachsen zu sein und alle Arbeit und seine Umgebung geistig zu induzieren.

Wenn in der Meditation der ursprüngliche Gedanke erstirbt, das völlige Schweigen der Seele eintritt und diese so ruhig und glatt wie ein Spiegel geworden ist, dann erst kann die geistige Welt die ersten Impressionen (Eindrücke) hervorrufen, die in Form von Bildern erscheinen. Diese Bilder darf man jedoch nicht für geistige Wesenheiten halten, vielmehr sind es Schattenbilder derselben, die als Imagination auftreten. Erst durch fortgesetztes sich Betätigen, können diese in der Seele webenden Bilder geistig durchsichtig werden. Durch ihre Eigenentwicklung gelangen sie dann zu dem Status, dass man sie nicht mehr schaut, sondern in der Seele lebendig fühlt und dadurch das Wesenhafte der übersinnlichen Wirklichkeit wahrnimmt.

Als verständliches Beispiel hierfür soll der Buchstabe angeführt werden. Beim Lesen fasst man nicht die Form desselben ins Auge, sondern man liest dasjenige, was durch die Buchstaben, ausgedrückt wird.

Die Bilder des imaginativen Schauens wollen ebenso nicht in ihrer Bildwesenhaftigkeit allein, sondern als Mittel zum Zweck, der in ihnen verborgen liegt, begriffen werden. So sprechen die Bildersymbole zu uns nicht von ihrer Form, vielmehr von dem geistigen Inhalt, der ihnen zugrunde liegt. Tierähnliche Gestalten spiegeln z.B. die Triebnatur der eigenen Seelenwelt wider und verdichten sich diese zum Erlebnis des eigenen Doppelgängers, dann hat man den „Hüter der Schwelle" vor sich. Bei diesen Erlebnissen wird man einer vorhandenen Furcht vor dem Übersinnlichen gewahr, weshalb eine Erstarkung der Ichkräfte so ungemein wichtig ist.

Man kann hier fragen, wie sich solche Imaginationen von den gewöhnlichen Traumbildern unterscheiden. Theoretisch gesehen gibt es keinen Unterschied, es ist lediglich der andersgeartete Zustand der Seele, der den Unterschied macht. Im Traum ist man passiv der Bilderwelt hingegeben, d. h. also ohne direktes Zutun erscheinen die Traumgesichte.

Bei der Imagination fühlt man sich aktiv in den geistigen Wahrnehmungen, man befindet sich gegenüber dem normalen Tagesbewusstsein in einem höheren Bewusstheitszustand wie vergleichsweise das Tagesbewusstsein einen höheren Zustand gegenüber dem Traumbewusstsein darstellt.

Während des normalen leiblichen Lebens folgt die Seele den physischen Gesetzen, die seit dem 15. Jahrhundert besonders stark ausgeprägt wurden. So verdanken wir unser Ichbewusstsein zunächst dem physischen Leib, denn durch das Gehirn wird das Spiegelbewusstsein hervorgerufen, durch das der Mensch sich in der Stoffeswelt als „ICH“ erkennt. In der Meditation hören die physischen Kräfte auf, die Seele zu beeinflussen und ihr wird bewusst, wie schwach die eigene Ichkraft an sich ist. Deswegen schlafen ja so viele Menschen sofort ein, sobald sie den Versuch unternehmen, sich zu konzentrieren. Somit ist das Ichbewusstsein im physischen Leibe kein Maßstab für das tatsächlich vorhandene ICH im kosmischen Sinne.

Der objektive Vorgang beim leibfreien Bilderbewusstsein ist folgender: Das leibgebundene Bewusstsein bedient sich des Gehirns zur Spiegelung, sodass sich das ICH erst dadurch erkennen kann; im leibfreien Imaginationserleben ist dieser Spiegelapparat ausgeschaltet und an dessen Stelle tritt der verdichtete Ätherleib als Spiegel. Wenn Menschen trotz jahrelangen Bemühens sich wohl leibfrei erleben, nicht aber zu bewussten Erlebnissen kommen, dann ist der Ätherleib noch nicht genügend verdichtet um als Spiegel dienen zu können.

Besaßen die Atlantier und deren unmittelbare Nachfahren allein das Ätherleib-Bewusstsein, so hat der heutige Mensch dieses gegen das gehirnliche Bewusstsein eingetauscht. Dies war notwendig, um über den physischen Leib im Laufe der Menschenentwicklung das ICH Bewusstsein hervorzurufen. Man kann diesen Vorgang vergleichen mit dem Schritt aus dem Wässrigen auf das Trockene. Danach aber gilt es, das gewonnene Ichbewusstsein wieder in das Ätherische zu transponieren, was einer Rückkehr vom Trocknen in das Wässrige entsprechen würde, nicht aber einer Rückentwicklung, sondern einer Höherentwicklung, da Errungenes von den Schlacken befreit und verfeinert werden muss.

Während also in den älteren Zeitepochen die Menschen noch fähig waren, aufgrund des atavistischen Wirkens des Ätherkörpers geistige Erlebnisse zu haben, ist der heutige Mensch von dieser Fähigkeit völlig verlassen. Nur noch im Orient bzw. in Asien kommt das äußere Ätherische als Spiegel den Menschen für übersinnliche Erlebnisse zu Hilfe, da die Ätherkräfte dort in der Natur noch viel geisterfüllter sind als in Europa. Fragt man sich, welche Vorbedingungen erfüllt werden müssten, um aus dieser Region die übersinnlichen Bilder herzuholen, so ergibt sich als Antwort: Durch Umwandlung unseres Verhältnisses zu unserm Leben und Schicksal.

Der Mensch muss die überaus starke Anteilnahme an seinem persönlichen Schicksal aus seiner Seele entfernen, damit Platz entsteht für den Bildekräfteleib der reinen Geistesbilder.

Man kann nur Wirkungen in der geistigen Welt erreichen, indem man seine Wünsche und Begierden zähmt, auf deren Befriedigung verzichtet. Zorn, Ungeduld und Murren bedeuten ein unnatürliches Ankämpfen gegen das Schicksal und machen nur willensschwächer. Nur durch Gelassenheit dem Schicksal gegenüber wird der Wille gestärkt. Diese Gelassenheit besitzt der Orientale in einem hohen Grade noch heute im Gegensatz zum Europäer. Er nimmt die Dinge hin, wie sie das Karma ihm diktiert und hat demzufolge auch mehr Erfolg in seinen geistigen Bemühungen. Ein wirksames Mittel, um in voller Wachheit den Übergang vom leibbedingten zum leibfreien Ichbewusstsein in der Meditation zu erlangen, ist das Symbol des Caduceus, des Merkurstabes, ein leuchtender Stab von zwei sich kreuzenden Schlangen umwunden, die eine hell, die andere dunkel, als Bild der ersterbenden und sich erneuernden Seelenkräfte.

Es wurde der Unterschied gezeigt zwischen dem alten, orientalischen Weg und dem abendländischen. In der alten Esoterik entsagte man weitgehend dem natürlichen Leben, um abgeschieden an seiner Vervollkommnung zu arbeiten. Diesem Streben liegt natürlich ein geheimer Egoismus zugrunde. Im Mittelalter inaugurierten die geistigen Führer den abendländischen Weg der Esoterik, damit auch den Menschen, die im vollen Leben stehen, der Weg zu den geistigen Quellen erschlossen wird.

Dies geschieht im Hinblick auf die neuen Aufgaben der Evolution, die den veränderten Verhältnissen hinsichtlich der Entwicklung des Ichbewusstseins und der dadurch veränderten Lebensbedingungen Rechnung zu tragen haben. So würden heute alle Bemühungen auf dem geistigen Pfade, die den Menschen von der Teilnahme am unmittelbaren Leben ausschließen, ihn nicht nur weltfremd machen, sondern nur zu negativen Ergebnissen führen.

Bedurfte auf dem alten oder orientalischen Weg der Schüler eines Lehrers oder Gurus, der ihn mit fester Hand führte, so ist in der heutigen Zeit der göttliche Geist im Menschen, der an dessen Stelle tritt. Er ist es, der uns den Schicksalsweg führt, zu dem wir JA sagen müssen, wenn wir unsere Kräfte nicht vergeuden, sondern sinnvoll zu unserm Besten mitarbeiten wollen.

Das gelassene Sichfinden in den kosmischen Kräften unseres geistigen Fuhrerwesens stärkt und kräftigt uns auf dem Weg zur Weisheit und zur Gestaltung unseres Daseins.

Die geistige Reife des Menschen

weist über ihn hinaus!

Sein Weg geht in die Sternenwelt!

An der Pforte der Einweihung

Wer den Weg der abendländischen Esoterik betreten hat, wird nach einiger Zeit feststellen, dass sich seine bisherige Seelenrichtung immer mehr verändert. Es ist wie eine Verlagerung der Lebensinteressen von außen zum inneren Mittelpunkt. Das unabhängige Geistwesen im Menschen erwacht, je mehr man sich von den Fesseln befreit, die Beruf, Milieu und das Schicksalsinteresse gewoben haben.

Aber ist dieses Ergebnis wirklich erstrebenswert? Sind wir nicht an unsere Aufgaben gebunden, wie sie das Leben an uns stellt und die wir ausführen müssen, wenn wir überhaupt im Kampf ums Dasein bestehen wollen?

Diese Fragen sind berechtigt, müssen aber voll und ganz bejaht werden. Eben weil die Inauguratoren dieses Einweihungsweges, den man auch den Rosenkreuzerweg nennt, voraussahen, dass in dem heranrückenden Zeitalter der Technik die alten Wege nicht mehr gangbar sein würden, haben sie Vorsorge getroffen, dass die Menschheit ihre geistige Individualität dennoch zur Entfaltung bringen kann.

Früher, als die abendländische Menschheit in ihrer Ganzheit noch nicht das Reich der Bewusstseinsseele errungen hatte, konnte der Einzelne ungestraft aus der allgemeinen Lebenssphäre in die Einsamkeit fliehen, um sein unsterbliches Geist-ICH zu suchen. Vor dem Erringen des Seelenbewusstseins kannte die Menschheit nur ein Empfindungs- und Gemütsseelenleben.

Würde heute z.B. ein Mensch sich in ein Kloster in Tibet zurückziehen, müsste er unter das Niveau der heutigen Menschheitsstufe sinken, da die Bewusstseinsseele sich allein im Rahmen der modernen Kultur entwickeln und halten kann. Ein Beispiel und Memento sind uns dazu die Insassen der modernen Klöster, die in ihrer Individualität unentwickelt bleiben und in vergangene Seelenstufen zurückfallen.

Daraus ist die Lehre zu ziehen, dass alle Versuche des modernen Menschen, auf alte Wege und Methoden zurückzugreifen nicht nur vergebens sondern sogar schädlich sind. Der moderne Mensch muss aus diesen Gründen trotz des ihn umbrandenden Großstadtlebens sich eine eigene „Klosterzelle“ in seinem Innern aufbauen und dadurch lernen, gleichzeitig auf zwei Ebenen zu Hause zu sein.

Wie geschieht das? Indem man sich von der äußeren Interessensphäre an die uns Beruf und Milieu binden, zeitweise durch Meditation herauslöst und von den Fesseln des Alltagslebens befreit.

Es kommt aber eben nicht auf das ‘‘Was“ sondern das „Wie“ an! Und deshalb muss jeder seinen eigenen Weg erkennen, weil jeder Mensch ein Stern ist und seine besondere Bahn zu wandeln hat.

Wenn man nun bedenkt, dass ein Jeder von den Sympathien und Antipathien im alltäglichen Leben mehr oder weniger abhängt, so wäre es falsch anzunehmen, dass man sich durch einen Willensentschluss dieser Dinge entledigen könnte. Das wäre nichts anderes als eine schöne Illusion, die nach längerer oder kürzerer Zeit wie eine Seifenblase zerplatzen würde. Wer jedoch auf meditativem Wege immer wieder versucht, in seine innere „Klosterzelle“ zu schlüpfen, der wird bald feststellen können, dass seine Stellung gegenüber den Sympathien und Antipathien der Welt sich ändert. Er gerät schließlich in eine Seelenstimmung, die weder das eine noch das andere kennt, sondern diesen Gegebenheiten völlig desinteressiert gegenübersteht.

Was ist dabei in den tieferen Schichten unserer Körperorganisation vorgegangen, um ein solches Resultat zu zeitigen? – Ein Beispiel mag das veranschaulichen: Vor seiner meditativen Schulung fühlte sich der

Mensch gänzlich mit seinem Leibe verwachsen und musste zwangsläufig seelisch an allem teilnehmen. Das ist vergleichbar mit einem Schwert, das in der Scheide fest gerostet ist. Wie das Schwert durch einige Tropfen Öl, das den Rost zerfrisst, allmählich gelockert wird in der Scheide, so tritt durch die geistigen Bemühungen eine Lockerung des Seelisch-Geistigen im Körper ein. Man nannte dies in den alten Mysterien das „Herankommen an die Schwelle des Todes". Der Neophyt wurde damals durch seinen Hiorophanten in den „Tempelschlaf" versetzt, d.h. durch Suggestion und Hypnose wurde seine Geist-Seele gewaltsam vom Körper getrennt um unter der Führung seines Hierophanten auf den höheren Ebenen die Eindrücke zu empfangen, die sich in sein Geist-Seelisches ein für alle mal einprägten, um seinen Charakter und sein Leben zu verändern. Der Körper verblieb während dieser Zeit in einer Erstarrung, die man heute Scheintod nennen würde.

Es sei dabei an den Tempelschlaf des Lazarus-Johannis erinnert, wie er im 11. Kapitel des Johannes-Evangeliums beschrieben wird. Diese Art der Einweihung war durch die immer stärker werdende Bindung der Seele an den Leib im Fortschritt der Inkarnation in der Menschheit zu einer eminenten Gefahr für den Einzelnen geworden, der buchstäblich seine irdische Existenz aufs Spiel dabei setzte. Deshalb musste der Einweihungsweg von außen nach innen verlegt werden und der Einzelne muss in sich Stimmungen entwickeln, die ihn vergleichsweise an die Schwelle des Todes führen.

Wer hat nicht schon, sofern er ein ernsthafter Suchender ist, in seinem Innern das Geheimnis des Todes imaginativ nachzuempfinden versucht und wurde dadurch so erschüttert und beeindruckt, dass er tatsächlich so in seinem Leibe gelockert war, dass er die wirkliche Todesnähe erlebte. Das darf man nicht als „künstliches Experiment" betrachten oder bezeichnen, denn diese Erfahrung vermittelt uns zum wenigsten die Erkenntnis von der Nichtigkeit unserer irdischen Persönlichkeit.

Im tiefsten Innern eines jeden Menschen wohnt ein wohl meist verschüttetes Wissen davon, dass unsere irdische Persönlichkeit eine Illusion ist und dass nur dann, wenn man tief in sein Inneres hinabtaucht, die unabhängige Ich-Wesenheit in der Tiefe des Bewusstseins aufleuchtet. Viele Menschen sind in den hinter uns liegenden Kriegsjahren infolge ihrer Erlebnisse spontan an die Schwelle des Todes getreten und sie wissen zu erzählen, wie sie ihr eigenes unsterbliches Selbst als ewiges Licht erlebten. Und aus diesem Erlebnis heraus wurde ihnen die Kraft zuteil, die ihre Seele mit neuen Impulsen versah.

Christian Rosencreutz gab seinen Schülern die Aufgabe, in sich der Ungeborenheit und Unsterblichkeit des geistigen ICH bewusst zu werden. Es war die Vorstellung, dass es nie eine Zeit gegeben hat, und geben wird, da das Geistich nicht gelebt hat oder leben wird. Bei dieser Meditation wurden sie sich des „eje asher eje, des Ich bin, der ich bin“ bewusst, des ewigen Lichts, der „Lux aeterna“.

Dass aber auch der heutige Mensch auf dem abendländischen Einweihungsweg gewissen Gefahren ausgesetzt ist, wird man auf den ersten Blick kaum für möglich halten. Nur sind die Gefahren infolge der Verlagerung der Übungen aus der Körpersphäre in die Seelensphäre auch nicht mehr körperlicher sondern seelischer Art.

Jeder der sich auf einem Einweihungsweg befindet, wobei es gleichgültig ist welcher Art die Übungen sind die betrieben werden, und bei denen sich das Seelengefüge vom Körperlichen schon etwas gelockert hat, wird die nachfolgende Beschreibung der Gefahren aus eigenem Erleben bestätigen können.

Denn sobald sich das Seelisch-Geistige aus dem Körperlichen lockert, entsteht eine Veränderung des Gleichgewichts, die man auch als Spaltung der Persönlichkeit zu bezeichnen pflegt. Natürlich ist das keine pathologische Erscheinung, wie z.B. die Schizophrenie.

Und wie wirkt sich dieses aus? Vor dem Betreten des Einweihungsweges empfängt der Mensch alle Impulse zu seinem Handeln aus dem mit dem Körper verknüpften Instinkt. Sobald sich jedoch die Seele geistigen Ideen öffnet, treten diese zurück. Haben ihn die alten Antriebe verlassen, so ist damit noch nicht gesagt, dass aus den geistigen Ideen sich neue Antriebe entwickeln.

Vielmehr steht der Mensch ohne die alten gewohnten Antriebe da und weiß noch nicht, dass die neuen Impulse nun selbständig von ihm durch seinen Willen geschaffen werden müssen.

Diese Zwischenzeit, die nun eintritt, ist ein Zustand, den man nicht ohne Grund als eine „Fahrt in die Unterwelt“ seit jeher zu bezeichnen pflegte. Das bisherige Leben ist zur Leere, zur Monotonie geworden. Depressionen finden sich ein und führen zur völligen Negation des Lebens. Alle bisherigen Freuden und Zerstreuungen werden zum Ekel, zumindest kann man dafür kein Interesse mehr aufbringen. Es gibt für den Menschen in diesem Zustand keine Daseinsfreude mehr, alles erscheint ihm ohne Sinn und Zweck; selbst sein alt gewohntes Hobby kann keinen Reiz mehr ausüben. Teilnahmslosigkeit allem gegenüber ist eingetreten und das Leben wickelt sich fast automatenhaft Tag für Tag ab. Kein Antrieb führt ihn von einem Gedanken zu einer Handlung, völlig gefühllos steht er Dingen gegenüber, die vorher in ihm Liebe oder Hass zeitigten.

Das alles ist die Folge einer Umwandlung der seelischen Kräfte des Denkens, Fühlens und Wollens. Die bisherige instinktive Einheit dieser drei seelischen Grundkräfte ist auseinander gefallen und der Mensch hat es nun in der Hand, sie völlig selbständig zu gebrauchen. Diese Veränderungen, die so viele Geistsucher an und in sich selbst erleben mussten, sind der erste Schritt zu einer „religio“, einer Zurückführung in erweiterte Lebenszustände, wie sie die Entwicklung des Menschen für die Zukunft vorsieht, da der Mensch wieder ein Bürger zweier Welten ist und nicht allein mehr dem Irdischen verhaftet.

Der Initiator für diese Zwischenzeit ist *Saturn*, der Hüter der Schwelle,

der Vereinsamer, der den Menschen langsam zur Selbstkonzentration, zur Verdichtung, zur Kristallisation führen will, damit er sein Ziel erreichen kann. Aber noch wartet die Gefahr der möglichen Abirrungen auf ihn, die erst noch klar erkannt werden wollen. Da die seelischen Grundkräfte dreifach sind, gibt es auch drei kardinale Irrungen, welche eintreten können, sobald der bis hierher auf dem Einweihungspfad Fortgeschrittene diese Kräfte selbständig zu gebrauchen versucht.
Ein Mensch, der im Denken stark ist, kommt in die Gefahr, sich in abstrakte Vorstellungen zu verlieren, das Wissen über alles zu stellen und so seinen unmittelbaren Anteil am Leben weitgehend aufzugeben. Dogmatismus wäre die Folge davon und der Weg zum freien Geistesleben für ihn versperrt. Stolze Überheblichkeit wäre die Auswirkung andern gegenüber.

Der gefühlsbetonte Mensch wird sein Hauptgewicht auf die „Herzenswärme" legen, zum „Schwärmer" werden, und wenn sein Gefühlsleben sich nicht an den Gegebenheiten der Welt korrigieren kann, durch sein Wollen schließlich zum Fanatismus kommen.

Ausgesprochene Willensmenschen werden zu gewalttätigen Handlungen neigen, die sie als Ausdruck des Göttlichen in sich halten. Hieraus resultiert dann die Intoleranz allen andern Meinungen gegenüber. Sein Wagen als Verfechter vermeintlicher Wahrheiten stempelt ihn zum egoistischen und gefühlskalten Vertreter geistiger Richtung.

Natürlich muss der Suchende nicht gerade der einen oder anderen Irrung verfallen, wie sie hier geschildert sind. Haben wir aber nicht alle drei zusammen oder zeitlich getrennt und in mehr oder weniger bescheidenen Grenzen selbst durchgemacht?

Aber was sind die beflissenen Esoteriker anders, als die bewussten Schrittmacher auf dem Wege einer Entwicklung, in der die abendländische Menschheit durch die Erlangung der Bewusstseinsseele sich zwangsläufig und unbewusst befindet.

Die moderne Menschheit erlebt seit dem Beginn des zwanzigsten Jahrhunderts ein Unwirksamwerden der alten Instinkte, einen Zerfall von Moral und Ethik, eine Spaltung der seelischen Grundkräfte.

Unbewusst ist schon die Schwelle überschritten worden, die im Wassermannzeitalter den Weg zur übersinnlichen Welt hinführt. Und deshalb befindet sich die abendländische Welt auch in dieser chaotischen Seelenverfassung und neigt generell, wenn auch völlig unbewusst zu diesen Abirrungen, wie sie angeführt wurden und Dante sie in seiner „Comedia Divina“ seiner „Göttlichen Komödie“ in den drei Tierbildern beschreibt und wie uns die Sektentugenden der mittelalterlichen Glaubenskämpfe im alten Gewande demonstrieren.

Doch wie findet man aus diesen Abirrungen heraus, wie kann es dem Esoteriker gelingen, die auf bewusste Handhabung wartenden Seelenkräfte sinnvoll und richtig zu gebrauchen?

Da niemand auf dem meditativen Wege oder dem konzentrativen oder auch beim Gebrauch anderer Disziplinen um diesen Zwischenzustand herumkommt, weil er eine ursächliche Folgeerscheinung ist, bleibt überhaupt nur eine einzige Möglichkeit offen: die Selbsterziehung. Nur wer sich selbst zu beherrschen gelernt hat, kann auch die Herrschaft über die selbständig gewordenen Seelenkräfte erlangen.

Der Ausgangspunkt für die Selbsterziehung ist die Rückschau. Man muss sich bemühen, allabendlich vor dem Einschlafen sein eigenes Wesen in Gedanken, Worten und Werken objektiv vor die Seele zu stellen. Daran allein kann man seine Einseitigkeit, die Fehler und Schwächen erkennen, wie sie andere Menschen an uns sehen.

Und nun kommt es darauf an, die erkannten Fehler und Schwächen in meditativer Ruhe in ein Positivum zu verwandeln. Das große Geheimnis hierbei ist es jedoch, die positive Vorstellung in die Gegenwart zu verlegen.

Es ist falsch zu sagen: Ich werde nicht allein mein Wissen entwickeln.

Richtig ist es zu sagen: Ich bin voller Herzenswärme, ich bin willensstark. Dieses kurze Beispiel mag genügen; der Esoteriker wird wissen, wie er es im Einzelnen durchzuführen hat.

Es kommt also darauf an:

1.) sich über seine Schwächen völlig klar zu werden und
2.) die positive Eigenschaft sich zu erarbeiten, sie in sich ganz aufzunehmen und sich damit zu verbinden.

Man beachte dabei, nur schrittweise vorzugehen und nicht zuviel sich auf einmal vorzunehmen. Geduld mit sich selbst ist die Voraussetzung für den Erfolg!

Und noch ein überaus wichtiges Hilfsmittel dazu ist die Freude, die Freude an der Arbeit an sich selbst, an allem Guten und Schönem, die Freude am Dasein, die uns allein die Möglichkeit bietet, uns höher zu entwickeln. Der Mut wächst aus der Freude, denn diese ist ein mächtiger Antrieb zu allen Dingen.

Es ist und bleibt fruchtlos, sich ein Ideal selbstlosen Handelns aufzuzwingen, weil man dann nur in Illusionen über die Motive seines Handelns verfällt.

Durch die allabendliche Rückschau kann man sich weitestgehend aus Trieben und Interessensphäre des Lebens lösen und wird dabei eine Gelassenheit erwerben, die einen im wahrsten Sinne befreit, so dass sich der göttliche Geist immer mehr in uns entfalten kann.

Durch den eigenen Willen, aus dem innersten Quell des Menschen, muss der Sinn für die neue Moral erwachsen, aus einer produktiven Geistigkeit heraus, die allein aus dem Erleben des göttlichen Geistselbst in uns entstehen kann. Dann erst kann man mit Recht sagen:

„ICH fühle mich EINS mit den tragenden Weltmächten !“

Wege zur magischen Einweihung

Alle Magie geht vom Leib und vom Leibhaften aus, von der dinglich-bildhaften Erscheinung des Daseins. Dass Leib und Dinge nur „phänomenale Realität“ besitzen, tut nichts zur Sache, denn für jegliches Bewusstsein gibt es eben keine andere Realität als die der Vorstellung, des Gegenstandes, der Erscheinung.

Niemand darf glauben, wie vielfach angenommen und auch von manchen Schulen gelehrt wird, dass man ein magischer Mensch durch Exerzitien, durch bestimmte Übungen werden kann, d.h. aus eigener Kraft, aus eigenem Willen! - Es ist im Gegenteil eine Angelegenheit der heute kaum noch verstandenen „Gnade“, die im persönlichen Schicksal beschlossen liegt, man glaube es, oder man glaube es nicht.

Diese Gnade, die im Wortschatz eines modernen Menschen nicht mehr enthalten ist, lässt sich nicht durch Übungen, durch getreue Einhaltung von Aufgaben erzwingen; sie ist ein Geschenk Gottes und damit das Zeichen, dass Gott in uns zur Leibwerdung drängt. Wer keinen dämonischen Samen in sich trägt, wird nie eine magische Welt gebären!“

Auch heute noch schläft aber in jedem Menschen noch etwas von GOTT. Wenn dieser Same nicht zum Aufgehen gelangt, liegt es in der Hauptsache an dem dafür heutzutage höchst ungeeigneten Lebensmilieu, an der materiellen und intellektuellen Einstellung des Menschen, der nicht mehr seelenhaft empfinden kann. Man müsste heute schon ein ganz besonderer Mensch sein, um ein solch harmlos heiliges Leben zu führen, wie es ehemals jeder Sauhirt, jeder Schäfer besaß.

Ein in früheren Zeiten selbstverständliches, heute jedoch sehr selten gewordenes Mittel zur magischen Erweckung, ist der Kontakt und die Schulung durch einen wirklichen Initiierten (Eingeweihten). Allein die denselben umgebende Atmosphäre kann viele magische Keime zum Aufgehen bringen. Trotzdem bleibt der lebendige Atem des Eingeweihten zur Wachrufung der magischen latenten Kräfte im Menschen erforderlich und kann durch nichts ersetzt werden.

Die Schlussfolgerung hieraus ergibt eindeutig, dass man Magie nie aus Büchern erlernen kann, selbst wenn dieses Buch von einem wirklichen Initiierten stammt, da darin dessen Atem schon abgetötet ist. Man kann Bücher aber als wertvollen Leitfaden benutzen.

Ein „Magischer Mensch“ muss das sinnlich begrenzte Dasein bejahen, weihen, vergotten, und das unsichtbare Dasein als Kraft, Trieb, Schick-sal geahnte Leben versinnbildlichen!

Seinen Leib darf man nicht nur als einen physiologischen Apparat ansehen“ sondern als metaphysische Wesenheit! - Vergottung ist nicht ein psychologisches Erlebnis, keine Vergötterung, sondern ein kultischer Akt! Und dieser kultische Akt der „Gottverleibung“ ist die Weihe, der Zauber, der das Göttliche in Menschenform und Menschen-raum ruft und bannt! Es gehört dazu das innerste Ergriffen- und Erfülltsein von der erscheinenden, im ganzen Wesen einheitlich und mit allen Sinnen empfangenden göttlichen Gegenwart, die Durchbildung und Auswirkung des Göttlichen im ganzen gegebenen Dasein!

Dieses Ziel, diese Vergottung, erreichte man in antiken Zeiten durch den „mystischen Tod“, wenn der durch viele Prüfungen gegangene Neophyt, gereinigt an Leib und Seele, vom Hierophanten einem wirklichen hohen Initiierten, in den heiligen Tempelschlaf versenkt wurde und nach der Erweckung als neuer Mensch, als magischer Mensch und Eingeweihter, als Sohn der Witwe ins Leben zurückkehrte.

An dieser Stelle mag zum besseren Verständnis der Weg einer Einweihung in die alten ägyptischen Mysterien beschrieben werden, wie man aus den Entzifferungen der Hieroglyphen aus alten Tempeltexten und durch Ausgrabungen rekonstruieren konnte: „Nachdem der Neophyt vom Tempelhierophanten genügend unterwiesen und für würdig befunden war, wurde er an einem Abend, da die reine Sichel der „Isis“ am Himmel thronte, zum Altar im inneren Heiligtum geführt. Noch konnte er umkehren, aber sobald sich die schmale Pforte im Altar für ihn geöffnet hatte, gab es kein Zurück mehr. Nur vorwärts zum Licht, zur Erkenntnis, oder in den sicheren Untergang.

Nur eine Fackel begleitete ihn auf seinem Weg ins Ungewisse, ins Unbetretene. Unter feierlichen Hymnen der Priester schließt sich der Eingang hinter ihm und er sieht sich in einem schmalen unterirdischen Gang, ringsum von Felsen umgeben. Immer enger wird der Gang, er kann nur noch auf allen Vieren kriechen, über ihm lastet die Erde wie ein ungeheurer Alb. Mancher Verzagte fand nicht den Mut und die Willenskraft, diese Prüfung zu bestehen. Man fand ihn verhungert in dem ihm zum Grab gewordenen Felsengelaß.

Indem der Neophyt seine Glieder fest an sich presst, gelingt es ihm endlich sich durch diesen Felsentunnel hindurch zu winden und nach langer banger Ewigkeit erweitert sich der Gang zu einem Gewölbe, in dem er wieder vorwärts schreiten kann. Die erste Prüfung, die der Erde hat er bestanden.

Als er aber aufatmet, sieht er, dass er vor einem gähnenden Abgrund steht, dessen Grund die Fackel nicht erhellen kann. Er prüft das gegenüber liegende Ufer, doch ist es für einen Sprung zu weit, Zweifel und Furcht bestürmen seine Seele, versuchen, sie aus den Fugen zu bringen.

Der Sprung an die Tiefe erscheint als sicherer Tod. Wollen die Meister seinen Tod? Aber es gibt keinen Ausweg und so empfiehlt er sich seinem Gott und springt hinab, hinab in die Nacht, in den Tod. Drunten aber findet er schnell zum Leben zurück, denn er ist in ein mit Wasser gefülltes Becken gesprungen. Jedoch der Schreck, der Sprung, hat ihn zutiefst erschüttert, sein Seelengefüge gelockert.

Soeben dem sicheren Tode entronnen, soll er nun hier im nassen Element verenden? - Seine Fackel ist bei dem Sprung in das Wasser erloschen. In der tiefen Dunkelheit findet er keinen Ausweg, er schwebt im Wasser, im Bodenlosen, ohne Halt und er muss in dieser trostlosen Lage der Verzweifelung anheim fallen. Fest auf seinen Gott vertrauend, der ihn bisher recht geführt hat, testet er die Felswände ab und wird endlich der Stufen gewahr, die in den Stein gehauen sind und an denen er sich mühsam anklammernd, empor arbeiten kann. Die zweite Probe, die Wasserprobe, ist bestanden.

Das Wesentliche dieser Prüfungen sind die inneren Erlebnisse, die sich tief in die Seele einprägen, die die Seele vom Leib lockern und ihn ganz auf seine inneren Kräfte anweisen. Man darf darin keine sportlichen Leistungen schauen, sondern nur eine Schulung der Seelenkräfte, aus der er lernt, sich selber Führer und Ziel zu sein. Die innere Kraft, den äußeren Sinnenschein zu durchschauen, um zum geistigen Durchschauen zu gelangen, konnte nun in der dritten Probe ihre endgültige Anwendung finden. Einem schmalen Felsenweg folgend, zu den ihn die Stufen führten, sah er sich plötzlich einem Feuer gegenüber, das ihm ein weiteres Vorwärtsschreiten versperrte. Nur mutige Entschlusskraft, wie sie schon in den zwei ersten Proben verlangt wurde, konnte auch diese bestehen. Es erwies sich hinterher, dass die Flammenlohe nur eine Spiegelung war, durch die der Neophyt unversehrt hindurch schreiten konnte. Dieses war die Feuerprobe und er hatte die ersten drei Elemente besiegt.

Zuletzt aber nahte sich ihm die Prüfung seiner moralischen Lauterkeit, auch Luftprobe genannt. Zu einer Grotte gelangt, fand er ein weiches Lager, auf dem er sich ausruhen konnte. Eine fast unbekleidete schöne Sklavin brachte ihm einen köstlichen Erfrischungstrank: „Heil Dir, o Jüngling, Du hast die Proben mutig bestanden, sei froh und genieße das Leben!“ ruft ihm das Mädchen zu. Trinkt er aber von dem würzigen Wein, so kann er dem Buhlen der Sklavin nicht widerstehen. Gelingt es ihr, ihn zu betören, so erlangt sie die Freiheit, aber der Myste bleibt zeitlebens ein Sklave im Tempelbezirk, da er noch Sklave seiner Sinne ist. Weist er aber auch diese Versuchung zurück, so öffnet sich ein Vorhang im Hintergrund der Grotte und vor ihm steht das Priesterkollegium, das den neuen Osiris begrüßt und ihn in seiner Mitte aufnimmt. Und jetzt erfolgt dann die eigentliche Einweihung.

Während die Proben nur durch die eigene Kraft des Mysten bestanden werden konnten, war das Werk der Einweihung das des Hierophanten. In eine Art von Sarkophag gelegt (wie ihn die Cheops-Pyramide enthält und in dem nie eine Mumie beigesetzt war), wurde der Myste mit dem Mantel des Hierophanten zugedeckt und in den Tempelschlaf gesenkt. Durch die vom Hierophanten ausstrahlenden Kräfte erhob sich die Seele des Mysten in die übersinnlichen Welten und er durfte die göttlichen Kräfte in ihrer wahren Wesenheit erschauen: die Kräfte, die die Sterne beseelen, die Wesen, die den Menschenleib aufbauen und erhalten und die Schicksalsmächte, die ihn von Erdenleben zu Erdenleben führen. Hier begegnete er seinem „Höheren Selbst", er wurde ein „Osiris" ein „Unsterblicher"."

In jenen Zeiten, da das Ich sich noch nicht aus der Gruppenhaftigkeit des Volkstums befreit hatte, war diese Methode durchaus berechtigt. Diese Form der Einweihung musste aber ihr Ende finden, je mehr das selbstbewusste Ich heranreifte. Ein solcher Eingriff, wie in den alten Mysterien kann daher heute nicht mehr praktisch ohne Gefährdung des Menschen durchgeführt werden und die heutige wahre Einweihung ist dadurch in das eigene Innere verlegt.

Aber noch heute wird dieser Vorgang der alten Einweihung in den Freimaurerlogen symbolisch gepflegt, was keineswegs zu tadeln ist, dafür aber von der Öffentlichkeit um so mehr missverstanden wird.

Dieses Erfülltwerden von der Gottheit, diese wahrhafte Vergottung des Leibes oder Verleibung des Gottes fand in dem Menschen Jesus von Nazareth statt, als er von Johannes dem Täufer durch Untertauchen im Jordanwasser durch den „Mystischen Tod" ging. Die große Christus-Wesenheit, das göttliche Weisheit und Liebeprinzip, verband sich mit dem Leibhaften des Menschen Jesus. Dieser kultische Akt der Gottverleibung war die große sakrale Weihe, die symbolisch bis auf den heutigen Tag im christlichen Abendland durch das Sakrament der Taufe fortgesetzt wird.

Wenn nun diejenigen, bei denen die notwendigen überpersönlichen Vorbedingungen vorhanden sind, nach schriftlichen Anweisungen zu üben beabsichtigen, so müssen sie sich darüber klar sein, dass die Übungen nicht schematisch befolgt werden dürfen; Exerzitien dürfen nicht als Schulpensum aufgefasst werden, sondern sie müssen aus dieser sakralen Grundhaltung vorgenommen werden, wie sie schon vorher angedeutet wurde. Deshalb bleibt nach wie vor die Befruchtung durch einen „lebenden Meister“ erstrebenswert und kann durch nichts ersetzt werden.

Was zunächst wieder gewonnen werden muss, ist das verlorene Gefühl für alles Körperliche, Leibhafte. Unser heutiges Tagesleben, das in mechanischen Leistungen für gewöhnlich eingespannt ist, und die in den meisten Fällen angewandte sitzende Lebensweise ertötet jegliches Gefühl für den Körper. Turnen und Sport erzielen nur oberflächliche Wirkungen. Um in die Tiefenschichten der innerkörperlichen Struktur vorzudringen, bedarf es einer bestimmten Gymnastik, einer sogenannten „sensualen“ oder „artikularen“ Gymnastik. Sensual nennt man jene Übungen, welche in sanfter Form der Steigerung des Körpergefühls dienen; artikular sind Stellungen, welche durch starke Überbiegung einzelner Gelenke das Körpergefühl beeinflussen.

Die sensualen Übungen sind wie ein Hineinhören in den Körper und geschehen aus der Entspannung heraus, die artikularen dagegen stellen ein mechanisches Strecken und Biegen des Körpers bzw. einzelner Gelenke dar, sie erfolgen aus gesteigerter Anspannung. Beide Formen, kombiniert ausgeführt, bringen Schleuderbewegungen von sanftester bis zu wildester Art hervor. (Vgl.. Mazdaznan, Tanz der heulenden Derwische - Kulttänze des Altertums, wie der wilden Völkerschaften).

Bei den sensualen Übungen wird der Körper gänzlich entspannt, alle willkürlichen Bewegungstriebe ausgeschaltet, so dass der Körper gerade noch steht. Arme und Kopf hängen schlaff herab, der Körper sackt in sich zusammen. Wenn nun dem Zuge der Schwerkraft folgend oder dieser entgegenwirkend ein gewisser Bewegungsantrieb gegeben wird, kann man bemerken, wie der Körper automatisch gewisse Stellungen einnimmt. Hierbei soll man auf die innerkörperlichen Spannungen achten, in sich hineinhorchen, denn der Körper gelangt sozusagen selbst zum Wort und wird nicht von unseren Willensimpulsen überschrieen. Dadurch kann man seinen Körper neu erleben lernen und ihn auf diesem Wege der Einfühlung zu ganz neuen Zwecken gebrauchen.

Ähnliche Erfahrungen werden auch beim autogenen Training gemacht, nur ist der Unterschied dabei der, dass man die Ruhelage (Totenlage) wählt. Ganz anders dagegen die artikularen Übungen. Diese sollen besonders auf das Rückgrat wirken. So macht man Rumpfbeugen nach vorne und hinten, Rumpfkreisen, stehend und kniend. Man übt die sogen. Brückenstellung, d.h. man biegt sich rückwärts soweit über, bis die Hände den Boden berühren. Dazu benötigt man zu Anfang eine Wand als Hilfestellung, an der man sich langsam nach unten tastet. Weiter dehnt man die Übungen auf die Hand-, Fuß- und Hüftgelenke aus, wodurch der Körper eine immer größere Beweglichkeit erlangt.

Diese beiden Gymnastikarten werden kombiniert, indem man sich den sensualen Bewegungstendenzen vollkommen hingibt und die artikularen immer mehr übersteigert, das Tempo beschleunigt, so dass Schleuder- und Taumelbewegungen entstehen. Hierbei soll man Schreibewegungen der Kehle nicht unterdrücken. Dies alles mag recht merkwürdig erscheinen, doch alle Akrobatik stammt in ihrer Wurzel von okkult-magischer Gymnastik her. Während der Übungen wird man ganz von alleine enge Bekleidung vermeiden, weil sie hinderlich ist. Die angeführten Übungen, dazu das Fernhalten bestimmter oder zeit-weise sämtlicher Nahrungsstoffe haben den Zweck, die Körpersphäre zu beeinflussen und die Vorstellungswelt zu ändern.

Es ist eine merkwürdige Tatsache, dass wir nicht nur in unserer gewöhnlichen Vorstellungswelt, der empirischen, Wirkungen ausüben oder empfangen können, sondern auch durch Verschiebungen und Wandlungen innerhalb unseres Körpers. Denn die Bewusstseinswelt steht in direkter Abhängigkeit vom Körper, der der Träger unseres Bewusstseinszentrums ist. Über unseren Körper verwandeln wir die Bewusstseinsinhalte in viel tieferer Weise als auf empirische Art.

Die vorstehend angeführten Übungen bilden lediglich eine Art Vorbereitung für den eigentlichen Akt der Verwandlung unserer Körpersphäre und unserer Bewusstseinswelt.

Um eine Wandlung herbeizuführen, bedarf es einer völligen Zerstörung unserer Vorstellungswelt, einer Aufhebung jeglichen Bewusstseins, d.h. einer „Verlöschung“, da erst dann eine Verdichtung der innerkörperlichen Energien auf bestimmte Punkte vorgenommen werden kann und es zu einer Projektion, einer plastischen Vorstellung nach außen kommt. Verlöschung und Verdichtung sind die Achsen aller magischen Praxis und lassen sich in einem einzigen Wort ausdrücken: Ekstase. Und nur in der Ekstase kann der Mensch in Kontakt zu seinem Gott gelangen, der ja die punktuale Projektion aller kosmischen und parakosmischen Dynamik in uns selbst ist. Er bildet das Universum in seiner Unendlichkeit, gleichzeitig aber auch das Zentrum unseres „Ich“.

Da unser empirisches Bewusstsein nicht in die absoluten Tiefenschichten hinabreicht, wird er uns erst zugänglich in der Ekstase, die alles aufwühlt und emporreisst. Peryt Shou sagt: „Jeder Gott ist das eigene ich in einem besonderen kosmisch-astralen Kanal, den das durch Ekstase zum spontanen Schauen angeregte Selbst findet, indem es sich in ihm spiegelt“. Auch nur einen Augenblick in diesem magischen Zustand verweilt zu haben, ist unauslöschbar und ein solcher Mensch ist tatsächlich „geweiht“, „wiedergeboren“. Dass die hierfür notwendige Ekstase ein freies Geschenk der Götter ist, d.h. Gnade des Schicksals, und sich nie durch Übungen erzwingen lässt, wussten schon die Alten. Dieser Vorgang ist eine „Zeugung“ durch den „Willen Gottes“.

Der erste Zustand, den man versuchen muss zu erlangen, ist die völliger Verlöschung. Es ist wichtig, diese Exerzitien bei Nacht vorzunehmen und nur bei günstigem Gestirnsstand, vor allen Dingen des Mondes. Da der Mond den negativen Pol der Batterie Sonne-Erde-Mond bildet, entstehen nachts negative Strömungen, die allein schon mithelfen, die Nerven erschlaffen zu lassen, die Schwingungen des Nervenäthers in der Übertragung auf den Sinnenäther der Seele zu unterbrechen, so dass keine Empfindungen mehr zum Bewusstsein gelangen. Bei gesammelter und ruhiger Stimmung verlösche man das Licht und stelle nur eine einzige Kerze völlig abgeblendet auf.

Der ganze Körper muss entspannt sein, der Kopf leicht erhoben wie zum Trinken. Ein tiefes Ruhegefühl wird eintreten, das einen betäubungsartigen Charakter annehmen muss. Man kann diesen Zustand durch leichte narkotische Räucherungen unterstützen. Den Gedanken lässt man zunächst freien Lauf, ohne in Nachdenken zu verfallen. Dann versucht man, mehr und mehr alle Gedanken und Vorstellungen auszuschalten und zu einem Zustand völliger Leere zu gelangen. Die linke Hand wird an den Hinterkopf gelegt, während man leise mit der Rechten vom Kopf zu den Füßen herunter streicht.

Hat man die vorbereitenden sensualen Übungen erfolgreich geübt, wird man merken, wie sich die Glieder von selbst in unbestimmt tastender Weise bemerkbar machen, auch gewisse Lautsilben sich in unserer Kehle formen. Die Augen werden geschlossen, und es muss eine Empfindung entstehen, als versinke man in einem unendlichen Gewässer oder in einen grenzenlosen Raum. Alles das darf keineswegs krampfhaft geschehen, es muss von allein kommen.

In diesem Verlöschungszustand sinkt unser Vorstellungsleben in den „Status nascendi“, in den energetischen Urzustand, der bewusstlos ist. Sofern man nun die nötige Veranlagung hat und der Verlöschungszustand tatsächlich erreicht ist, wird sich das umgeschichtete Vorstellungsleben rasch entzünden.

Die „Wasser der Tiefe“ werfen Blasen auf und hauchen fremdartige Dünste aus. Bildhaft wird erschaut, was an bildlosen Energien im Menschen ruht. Molluskenhafte Formen aus dem Mineral- und Tierreich, die ins Wesenlose wieder zerfließen oder immer neue Ausstülpungen erhalten, treten in Erscheinung. Uralte Seinszustände des Kosmischen werden durchwandert; die entstehenden Bilder stellen die gestalt gewordene energetische Morphologie verklungener Seinszustände dar. Das Ego hat ein verborgenes Gedächtnis seiner Evolutions-Etappen, die auch philogenetisch dem Individuum eingeprägt und noch keineswegs ausgelebt wurden. Der Gesamtcharakter dieser Vorstellungswelt ist düster, verwirrend und grauenerregend.

Alles Energetische hat zwei Seiten, die ektropische oder kinetische, die mit dem Bösen, Satanischen, und die entropische oder potentielle, die mit dem Guten, Seraphischen, identifiziert wird. Demzufolge ist das Dunkel-Gewaltige, Irrationale, Vernichtend-Schöpferische, das Unfassbare, Unvertraute und deshalb Grauenvolle.

In der Vision der Ekstase schauen wir in einem Augenblick sämtliche Gott-Formen oder Gott-Bilder, die den einzelnen Stadien unseres versunkenen Seins entsprechen. Schelling hat darüber gesagt: „Die aufeinander folgenden Götter haben sich des Bewusstseins wirklich nacheinander bemächtigt. Die Mythologie als Göttergeschichte, also die eigentliche Mythologie, konnte sich nur im Leben selbst erzeugen, sie musste etwas Erlebtes und Erfahrenes sein."

Oder der große Eingeweihte Adolf Martin Opel sagt: „Es kann etwas als Person erscheinen, was nur geistige Kraft ist oder ein Komplex solcher Kräfte. Der Gott an sich existiert gar nicht, sondern wird nur von mir gedacht. Kräfte werden zu Gebilden, wenn andere Kräfte sie zu solchen machen. Will Gott Körper werden, so kann er das nur, indem er einem Menschen den Anstoß gibt, ihn zu schaffen. Gott ist eine Einbildung, aber alles, was wir denken, ist Einbildung. An sich ist Kraft nichts, sondern nur in der Erscheinung. Und diese Erscheinung schaffst Du durch Dich für Dich!"

Die ganze Schöpfung aber ist ein Ineinander von ektropischen und entropischen Tendenzen, die nur als Projektion in der Zeit als aufeinander folgende Zustände uns erscheinen! Schelling sagt: „Immer liegt noch im Grunde das Regellose, als könnte es einmal wieder durchbrechen, und nirgends scheint es, als wäre Ordnung und Form das Ursprüngliche, sondern als wäre ein anfänglich Regelloses in Ordnung gebracht worden. Dieses ist an den Dingen die unbegreifliche Basis der Realität, der nie aufgehende Rest, das, was sich mit der größten Anstrengung nicht im Verstand auflösen lässt, sondern ewig im Grunde bleibt."

So ist ein Teil des Seienden der ektropische Teil, das Zeugende, der andere, der entropische, das Verzehrende. Der Zeugende würde aufhören zu zeugen, würde nicht der Verzehrer wie ein Meer den Überschwang empfangen! So beherrscht dieses Gesetz auch die magische Ekstase: aus dem Dunkel wird das Licht, aus dem Grauenvollen die Seligkeit geboren.

Allmählich scheiden sich die wallenden, wogenden Formen, werden deutlicher, subtiler, erstarren und beginnen in lichtem Glänze zu strahlen. Die dunkle Macht der dünstenden Tiefe wandelt sich zu smaragdener Helle und der Myste glaubt durch kreisende Sonnenräume in seliger Verzückung zu schweben. Dieses ist das Grunderlebnis aller magischen Ekstase, wie sie seit den uralten Mysterieneinweihungen erlebt wurden, wenn auch heute die Ekstase in dieser Vollkommenheit nur noch sehr selten durch Europäer erreicht werden kann. Natürlich sind alle bei der Ekstase auftretenden Sensationen halluzinatorisch und suggestiv bedingt, aber das gleiche ist ja auch bei der „empirischen Wirklichkeit" der Fall, denn auch diese ist Halluzination, Vorstellung!

Die Vorstellung des Mysten wird zunächst für diesen Halluzination und schließlich Wirklichkeit, d.h. aber, dann zur vollendeten Halluzination für alle Anwesenden, weil sie sich in den Zusammenhang unserer Umwelt einreiht, sichtbar, hörbar, greifbar wird. Sobald es gelungen ist, den Verlöschungszustand willkürlich zu erzeugen und für einige Zeit festzuhalten, kann man zu den Verdichtungsübungen übergehen. Verdichtung ist das Festhalten irgendeiner Vorstellung, die Verdeutlichung bis zur plastischen Gestaltung.

Sehr geeignet hierfür ist ein Mensch, den man sich bildhaft und so plastisch wie nur irgend möglich vorstellt, ohne aber dabei krampfhaft zu werden, denn jede krampfhafte Anstrengung trübt sofort das Bild und lässt es zerfallen. Der Wille darf nur den Anstoß zur Vorstellung geben, diese aber muss sich alleine entfalten. Das kann natürlich nur in Konzentration, durch Fernhaltung aller anderen Vorstellungen vor sich gehen.

Kann man das Vorstellungsbild festhalten, soll man auch versuchen, es anzusprechen und antworten zu lassen, also mit ihm verkehren, wie mit einem empirischen Menschen. Entspricht das Vorstellungsbild einem lebendigen Menschen, so wird man auf diese Weise mit demselben in telepathischen Kontakt kommen, er wird an uns denken müssen oder von uns träumen. Diese Disziplin dient im sogen. Bildzauber als Selbstzweck.

Bei den weiteren Verdichtungsübungen soll das Ziel sein, das Bild zu vertiefen, d.h. weitere Innenkräfte hineinzuprojizieren. Dadurch verändert sich wohl das Bild, indem es von dem Naturbild abrückt, es gewinnt aber einen bedeutungsvolleren Charakter, wie es z.B.- auch der Künstler bei der Schaffung eines Gemäldes erlebt und zum Ausdruck bringt. Die dann entstehende Imaginations-Gestalt wird dadurch mehr und mehr die Verkörperung einer Schwingungsform unserer Innenkräfte.

Jeder Mensch hat entsprechend seiner Ahnenreihe (nicht der irdischen) und damit durch seine Stellung im Universum seinen bedingten Gott, oder anders ausgedrückt, er trägt eine ganz bestimmte individuelle Projektion der gesamtkosmischen Dynamik in sich. Dieser „Gott" schwingt ebenso wie alles Energetische zwischen den beiden Polen von Ektropie und Entropie. Robert Blum schreibt darüber: „Die Energie, welche als Ursache und Prototypus der sichtbaren Welt zu Grunde liegt, muss notwendigerweise in sich die beiden Prinzipien von Positiv und negativ vereinigen. Die koexistierenden und koessentiellen Bedingungen aller Manifestationen von Leben und die Grundlage aller Evolution". Und Schelling: „Das seiner Natur nach dunkle Prinzip ist eben dasjenige, welches zugleich in Licht verklärt wird, und beide sind, obwohl nur in bestimmtem Grade, ein und dasselbe."

Diese beiden Aussprüche berühren das Vater-Mutter-Prinzip der Gottheit, wobei das Vater-Prinzip als das Zeugende, das den Funken der Befruchtung erzeugt, im Geistigen, im Licht, im Hellen entsteht; dagegen das Mutter-Prinzip als das fort und fort Gebärende, in ewigem

Dunkel, in bodenloser Tiefe wogend und wallend, im Chaos zu suchen ist, im sogen. Reich der Mütter. Der Urgrund der Regellosigkeit ist das Mutterprinzip, das Ordnende und Verzehrende aber das Vater-Prinzip.

Eines der wichtigsten Dinge für den Magier ist die Erforschung des Namens seines „Gottes“, denn die Vornahme aller magischen Handlungen ist immer abhängig von diesen Schwingungen. So hatten die alten Juden den Namen ihres Gottes in den Silben J (Jod), H (He), V (Vau), H (He) = Jahve verborgen.

Sobald nun „unser Gott“ Bild geworden und einen Körper gewonnen hat, muss sich der Myste mit ihm vereinigen und ihn mit seinem Herzblut ernähren, damit dessen magische Kräfte auf ihn überfließen. Das ist die, „magische Kommunion“, das Einswerden mit dem Gott. Es ist das „Opfer“, das stets im Zentrum aller Kulthandlungen steht und noch heute sich in der katholischen Messe erhalten hat. Der Myste muss die Gegenstände und Methoden herausfinden, die auf ihn am stärksten erregend wirken und sich hieraus seine Kultregeln, seine Opfertechnik gestalten.

Von diesen Höhepunkten, die in der „Kommunion“ mit „seinem Gott“ entstehen, muss das ganze übrige Leben mit einer magisch-sakralen Atmosphäre erfüllt werden, die alle Dinge adelt und heiligt. Nur dadurch schützt sich der magische Mensch gegen die stets andringenden arimanischen Kräfte, das sind alle die kosmischen Energien, die dem Individuationsprinzip entgegen arbeiten. Erst wenn man die magischen Kräfte in sich fühlt, darf man seine gewonnene Macht auf empirische Ziele richten.

Es kann aber immer nur empfohlen werden, in erster Linie diese Kräfte auf den eigenen Körper zu richten, ihm Gesundheit und Kraft zuzu-führen. Man muss in sich beim Verlöschungszustand die Vorstellung erzeugen, dass man gesund ist und versuchen, das Weben der gött-lichen Kräfte in uns deutlich wahrzunehmen. Dabei darf man nicht daran denken, dass dies nur Suggestion ist, sondern jedes suggestive Phänomen ist Wirklichkeit! – Wirklich ist alles, was wirkt!

Später mag man auch versuchen, Einwirkungen auf Dinge und Andere vorzunehmen, man lasse sich auch nicht durch Fehlschläge irre machen. Gerade das Fühlen von Gegenkräften ist ein Zeichen, dass diese „arimanischen Kräfte“ sich gegen die Macht des „Gottes“ in uns wehren und um ihre Existenz ringen.

Hören wir, was Bo Yin Ra dazu sagt: „Nicht im All und außer dem All ist der Gott zu finden, bevor er nicht in Dir und in Dir allein für Dich leibhaftig geboren wurde! Ihr wisst nicht, dass der lebendige Geist, soll er Gott sein, den Menschen braucht, nach seinem Bilde sich zu formen! - Das ungeformte Meer des Geistes wollt Ihr fassen und es entgleitet Euch, indem Ihr es zu halten wähnt in Euren Händen. Gedanken schaffen den Götzen und Gedanken zerstören den Gedachten. Glaube nicht, diese Götzen seien machtlos, wie Du selbst Dir scheinst! Du selbst hast sie mit Macht begabt und weißt es nicht!

Noch ahnst Du nicht, dass Du mit Macht begaben kannst und dass gerade darin Deine Macht besteht, dass Du über Mächte gebietest, die weitaus mächtiger sind als Du - So hast Du die Götzen erdacht und denkend sie mit Macht begabt durch Deinen Glauben (deine Imagination) Ihr spottet des Glaubens oder wollt ihn durch Wissenschaft stützen, aber Ihr wisst noch nicht, dass Euer Glaube mehr ist als das, was Ihr glaubt. Im Glauben ist Euch höchste Kraft gegeben, weil Ihr durch den Glauben, Mächte Euch zu Dienern machen könnt, die urgewaltig wirken, wo sie durch den Glauben frei von ihren Fesseln werden.

Selten will nur einer alles Wissen seinen Träumen schenken und wirklich werden in der geahnten Welt der Wirklichkeit! – Hier aber liegt der Schlüssel im tiefen Schatten verborgen, seit Ewigkeit gehütet von den Müttern! Wer nicht hinabsteigt zu ihnen, wird ihn nicht erlangen!“ So ist ein Eindringen in die magische Welt nicht eine „Ausbildung“, wie man ein Handwerk erlernt, sondern die Aufrufung der dunkelsten Wesenskräfte in uns, warum eben unser ganzes Wesen eine Wandlung erfahren muss. Magie ist ein Zurücktauchen in anfängliche Seinszustände, in denen die Gottheit noch lebendig wirkte. Nur der wird ein magischer Mensch sein, in welchem die Gottheit wieder erwacht, wieder die Augen aufschlägt, und wenn es auch immer nur Einzelne sein werden, so strahlt die Gottheit dann auch auf andere über und gebiert neue Ringe des Seins. Es gibt nur Wenige, die es zur wirklichen „Geburt des Gottes“ bringen. Die meisten müssen sich an das „Gott-Bild“ ihres Meisters halten, denn wenn in einem magischen Meister ein „Gott“ Form erhalten hat, kann auch jeder andere diese Geburt in sich aufs neue vollziehen. Auf diese Weise tritt die Gottheit ins Leben und gewinnt Macht über eine große Anzahl von Individuen. (siehe alle Religionsformen!) Es wäre nun aber durchaus verfehlt, magische Einzelleistungen, wie Kryptoskopie, Psychometrie, Prophetie, Telekinese, Telepathie usw. anzustreben, da diese an Sonderbegabungen gebunden sind.

Jeder Wunsch zur Hervorbringung profan okkulter Phänomene soll vermieden werden. Sie treten ganz von selbst ein, sobald ihre Stunde gekommen ist. Jedem wahllosen Experimentieren zur Hervorbringung bestimmter Phänomene ist zu widerraten. Nicht nur, dass dadurch eine Erschwernis für die Möglichkeit des Eindringens in die magischen Dinge entsteht, auch die Resultate werden enttäuschend, wenn nicht gar schädigend sein. Nur wer sich selbst zum Magier geboren und jenen Kräften gewachsen fühlt, darf Eintritt in die magischen Welten begehren.

Es gehört eine ungeheure Imaginations- und Gestaltungskraft dazu, die freien Energien zu binden und bildhaft werden zu lassen. Allen anderen aber droht beim Anschlagen der ektropischen Energieherde schwere Schädigung, unter Umständen sofortige Vernichtung. Aber auch ohne derartige Phänomene ist eine Hingabe an die Magie von grundlegender Bedeutung für das Dasein.

So nur kann das sinnlos erscheinende Sein einen Sinn erhalten. Nur durch magisches Tun, Erleben und Erkennen können wir in Berührung mit der Gottheit gelangen und E i n s mit ihr werden.

Der innere Sinn ist die Bildkraft des Menschen,
wodurch dieser verschiedene Eindrücke,
die durch die Sinne geschehen, identifiziert,
einfach gemacht werden und zur Seele übergehen.
Der innere Sinn ist der Seelendolmetsch.
Was die Körper durch Eindrücke die sie auf die Sinne machen,
sprechen, dieses verdolmetscht er in Geistessprache der Seele.

Freiherr von. Eckartshausen

Aus unserem Verlagsprogramm

Gregor A. Gregorius

Die magische Erweckung der Chakra

ISBN 978-3-932928-30-7

Gregor A. Gregorius

Exorial

ISBN 978-3-932928-31-4

Gregor A. Gregorius

Logenschulvorträge

ISBN 978-3-932928-32-1

Gregor A. Gregorius

Ewigkeitssucher

ISBN 978-3-932928-25-3

Kurt C Krause

Liber Algol

ISBN 978-3-932928-29-1

Kurt C Krause

Teuflisches Treiben

ISBN 978-3-932928-34-2

Karl Weinfurter

Lehrbuch des magischen Denkens

ISBN 978-3-932928-27-7

Alle Bücher erhalten Sie bei Ihrem Buchhändler oder direkt bei:

Esoterischer Verlag
eine Marke der Sentovision GMBH
Venedigstr. 35 • CH-4142 Münchenstein

Internet: **www.Esoterischer-Verlag.de**